EXEMPLA · Lateinische Tex

Herausgegeben von Hans-Joachim Glücklic

Heft 8

Cornelius Nepos · Hanniba

Text mit Erläuterungen.
Arbeitsaufträge, Begleittexte, Stilistik
und Übungen zu Grammatik und Texterschließung

von Hans-Joachim Glücklich und Stefan Reitzer

2., durchgesehene Auflage

Vandenhoeck & Ruprecht in Göttingen

ISBN 3-525-71610-9

2., durchgesehene Auflage 1988

Satz: Druckvorlagen Bernert GmbH, Göttingen. Druck: Hubert & Co., Göttingen.

Inhalt

I. Einleitung

1. Hannibal und die Römer

1.1 *Hannibal ad portas* — „Hannibal steht vor Rom". Diese Meldung hat den Römern im Lauf ihrer Geschichte wohl den größten Schrecken eingejagt. In einem Blitzkrieg hatte der karthagische Feldherr das mit Rom verbündete Sagunt in Spanien überfallen (→ Karte, → E 3.4), hatte im Winter überraschend ein Heer mit Kampfelefanten über die Alpen geführt, hatte in drei blutigen Schlachten in Italien nahezu die gesamte römische Streitmacht vernichtet (→ Zeittafel E 3.7 zu den Jahren 218—216). Erobernd, plündernd, vernichtend zog er durch Italien, die Römer mußten ohnmächtig zusehen. Überall fielen ihre Verbündeten ab und liefen zu Hannibal über. Nirgends war er zu fassen, stets war er schon zur nächsten Eroberung unterwegs. Schließlich stand er vor der Hauptstadt. Dennoch gelang es den Römern, sich gegen Hannibal durchzusetzen.

1.2 Daß es zu dieser Notsituation hat kommen können und daß sie dennoch überwunden wurde, war für Römer auch im 1. Jahrhundert v. Chr. noch ein Grund zum Nachdenken, Anlaß zu Schrecken und Stolz. Und auch später — bis heute — ist die Bedrohung der Römer durch Hannibal und seine Überwindung Anlaß dazu geworden, über die Bedingungen militärischen und politischen Erfolges, über die Ursachen der Größe eines Staates und seines Bestehens und über die Eigenarten eines großen Menschen nachzudenken.

1.3 Von einer klug planenden und erfolgreichen historischen Person wie Hannibal kann ein Biograph (grch. = ‚Lebensbeschreiber') nur beeindruckt sein. Ein Römer sieht aber auch, daß Hannibal die größte Bedrohung Roms bedeutete und daß seine Überwindung den Grundstein für die Entwicklung Roms zur ‚Weltmacht' bedeutete, also zur größten Macht in der damals bekannten Welt. Cornelius Nepos, Biograph und Römer im 1. Jahrhundert v. Chr., läßt diese gegensätzlichen Strömungen in seiner Lebensbeschreibung (grch. Biographie, lat. *Vita*) spüren: die Achtung und Bewunderung für eine große Persönlichkeit und die Rücksicht auf die römischen Leser, für die Hannibal der legendäre und fast erfolgreiche Römerhasser ist. Es ist so, als würde ein Gallier Caesar, den Eroberer seines Landes, mit durchaus positiven Zügen darstellen. Aber eine solche Darstellung gibt es eben gerade nicht. Und so kann man in der anerkennenden Darstellung eines Römerfeindes durch einen Römer auch ein Stück römischen Charakters und eine Ursache römischen Erfolges erkennen: Die Römer übernahmen von anderen, auch von ihren Gegnern, was sie für gut und nützlich hielten, und waren sich trotzdem ihrer eigenen Leistung stets bewußt, die in der Verbindung dieser Lernfähigkeit mit eigenen Charakterzügen bestand.

2. Leben und Werk des Cornelius Nepos

Cornelius Nepos lebte etwa 100 bis 25 v. Chr. und war damit Zeitgenosse von Caesar und Cicero, deren literarischer Ruhm und historische Bedeutung sein Leben und Wirken in den Schatten stellen. Wahrscheinlich stammt er aus Ticinum (dem heutigen Pavia) in der Transpadana (der Landschaft nördlich des Po). Über sein Leben ist nicht mehr viel bekannt. Er bekleidete kein hohes Amt, sondern lebte zurückgezogen und ging seinen literarischen Neigungen, seiner Tätigkeit als Schriftsteller, nach. Sein erstes Werk, eine Weltgeschichte in drei Bänden (genannt ‚Chronica') ist nur in knappen Fragmenten erhalten, ebenso sein zweites (die ‚Exempla'), eine Sammlung beispielhafter Begebenheiten. Das Hauptwerk des Nepos aber ist seine Biographiensammlung ‚De viris illustribus', die aus fünfzehn Büchern bestand und bedeutende Männer, Römer und Nichtrömer, beschreibt, geordnet nach ‚Berufen': Könige, Feldherren, Dichter, Rhetoren, Grammatiker, Philosophen. Insgesamt fünfundzwanzig dieser Lebensbeschreibungen sind erhalten geblieben.

Nepos schreibt für ein breites Publikum. Er will es unterhalten und bilden. Es soll fremde Sitten und Verhaltensweisen verstehen und dadurch gerecht und tolerant beurteilen (so schreibt er im Vorwort zu den *Vitae*).

Nepos widmet seine Biographiensammlung seinem Freund Titus Pomponius Atticus, dem berühmten ‚Verleger' wichtiger Werke, der auch die philosophischen Schriften und die Briefe Ciceros veröffentlicht hat. Nepos fügt in seine Biographiensammlung auch eine Lebensbeschreibung des Atticus ein. Nepos scheint auch literarische Anerkennung gefunden zu haben. Jedenfalls rühmt ihn sein Landsmann und Zeitgenosse Catull aus Verona und widmet ihm die Sammlung seiner berühmten Liebes-, Spott- und Freundschaftsgedichte.

Damit man die Darstellung, die Nepos von Hannibal gibt, richtig beurteilen kann, ist es sinnvoll, auch die kurze Lebensdarstellung über Hannibals Vater Hamilkar zu kennen, weil sie viele Verbindungen zur Hannibal-Vita enthält. Ferner ist es heute nötig, sich mit einigen historisch gesicherten Fakten der Punischen Kriege vertraut zu machen (→ E 3 sowie einige Begleittexte), damit man diese mit der Darstellung des Nepos vergleichen, seine Auswahl und seine Wertung der Fakten erkennen kann. Die Wirkung seiner Darstellung läßt sich außerdem besser erfassen und bewerten, wenn man die Darstellungsform betrachtet: Mit welchen Mitteln stellt Nepos Hamilkars und Hannibals Leben dar? (→ E 4)

3. Der Erste und der Zweite Punische Krieg

3.1 Der Erste Punische Krieg

Der Erste Punische Krieg begann, als sich Rom 264 in einen Konflikt um Messina auf Sizilien einmischte; dort standen die sizilischen Bundesgenossen der Römer denen der Karthager gegenüber. Durch den Sieg der römischen Flotte vor Mylae (260) wurde die karthagische Überlegenheit zur See gebrochen. 256

landete dann eine römische Armee an der afrikanischen Küste, brachte unter M. Attilius Regulus die Karthager in Bedrängnis, wurde aber ein Jahr später von den Karthagern vernichtet. Auf Sizilien übernahm 247 Hamilkar Barkas das Kommando der karthagischen Armee und besetzte 246 den Berg Heirkte (bei Palermo); 243 zog er zum Berg Eryx bei Drepanon. Die Römer blockierten die Zufahrten nach Sizilien und schlossen die karthagischen Streitkräfte ein. Nach dem Sieg des C. Lutatius Catulus in der Seeschlacht bei den Aegatischen Inseln (241) war Hamilkar zur Kapitulation gezwungen. Als Preis für den Frieden mußte Karthago Sizilien an Rom abgeben, außerdem eine hohe Kriegsentschädigung (105 000 kg Silber) zahlen.

3.2 Der Söldneraufstand in Karthago

Nach dem verlorenen Krieg war die karthagische Staatskasse leer. Man konnte die Söldner, die man im Kampf gegen die Römer benötigt hatte, nicht entlohnen. Diese schlossen sich zusammen, um ihre Bezahlung durch Belagerung der Hauptstadt zu erzwingen. In dieser gefährlichen Situation setzte es Hamilkars Partei der ‚Barkiden' durch, daß fortan die Feldherren nicht mehr vom Magistrat bestimmt, sondern vom Heer gewählt wurden. Das Heer, das Karthago gegen die Aufständischen aufgestellt hatte, wählte Hamilkar Barkas zum Oberbefehlshaber. Er ließ den Aufruhr blutig niederschlagen, nachdem er die Gegner von der Hauptstadt vertrieben und im Gelände eingeschlossen hatte.
Dem Söldneraufstand in Nordafrika hatten sich auch die unter karthagischem Befehl stehenden Truppen auf Sardinien angeschlossen. Diese Situation nutzten die Römer aus und annektierten Sardinien und Korsika, ursprünglich karthagisches Hoheitsgebiet. Sie verstießen damit gegen den Friedensvertrag, den sie nach dem Ersten Punischen Krieg mit Karthago geschlossen hatten.

3.3 Der Ebro-Vertrag

Ein weiteres gemeinsames Interessengebiet von Karthagern und Römern war Spanien. Seit seinem Einmarsch in Spanien hatte Hamilkar dort die karthagische Herrschaft ausgebaut. Sein Schwiegersohn Hasdrubal schloß 226 mit den Römern den sogenannten Ebro-Vertrag, durch den die Interessenssphären abgegrenzt werden sollten: Das Gebiet südlich des Flusses Ebro (lat. *Iberus*) blieb Karthago überlassen, das Gebiet nördlich dieses Flusses sollte unter römischer Vormacht stehen.

3.4 Hannibals Kriegsplan

Hamilkars Sohn Hannibal wollte die karthagische Vormachtstellung wiedergewinnen. Dazu mußte er die Römer aus ihrer Machtposition verdrängen. Ausgangspunkt dafür sollte Spanien sein. Sagunt, eine reiche, einst von Griechen gegründete Hafenstadt, südlich des Ebro gelegen, im Ebro-Vertrag aber nicht erwähnt, hatte sich in ein Schutzbündnis mit Rom begeben. 219 begann Hannibal mit der Belagerung dieser Stadt, die sofort Rom um Hilfe bat. Die Römer protestierten zwar, griffen aber nicht ein. Nach achtmonatiger Belagerung eroberte Hannibal die Stadt und zerstörte sie. Die erbeuteten Schätze schickte er nach Karthago, um dort den Senat zur Unterstützung seiner Kriegspläne gegen Rom zu bewegen. Nun erst entschlossen sich die Römer, die karthagischen Expansionsbestrebungen zu bekämpfen. Hannibal mußte sie in Zugzwang bringen, um das karthagische Gebiet in Afrika nicht zu gefährden, das die Römer sonst angegriffen hätten. Er verlagerte deshalb nach schnellem Marsch durch Südgallien und über die Alpen den Kriegsschauplatz nach Italien. Hannibal versuchte, die Römer in Italien politisch zu isolieren, indem er ihre italischen Bundesgenossen abtrünnig machte. Trotz seiner spektakulären Siege gelang ihm dies nicht im erforderlichen Maß.

3.5 Der Zweite Punische Krieg

Der römische Diktator Quintus Fabrius Maximus (ein Diktator ist ursprünglich ein gewählter Alleinherrscher für ein halbes Jahr) setzte Hannibals Vernichtungsstrategie eine Ermattungsstrategie entgegen. Er wich jeder offenen Schlacht aus und versuchte, Hannibal vom Nachschub abzuschneiden. So ersparte er den Römern militärische Niederlagen. Er erhielt den Spitznamen *Cunctator* (‚Zauderer'). Mit der Zeit wurde Hannibals Aufenthalt in Italien aussichtslos, wurden seine früheren militärischen Erfolge wertlos. Die mächtige Stadt Capua in Kampanien hatte sich mit Hannibal verbündet, wurde daher von den Römern belagert und schließlich erobert. Hannibal hatte die römischen Truppen durch eine Belagerung Roms von Capua abziehen wollen; aber die Feldherrn gingen nicht darauf ein, und Rom war durch seine Mauern stark befestigt, während Hannibal keine Belagerungs- und Angriffsmaschinen mit sich führte. Im Gegenangriff außerhalb Italiens eroberten die Römer die sizilische Hauptstadt Syrakus (212) und die karthagische Hauptstadt in Spanien, Karthago Nova (210). Schließlich landete der römische Feldherr Publius Cornelius Scipio (der dann den Beinamen *Africanus* erhielt) mit einem Heer von 30 000 Mann bei Utika in Nordafrika und bedrohte Karthago selbst, die Hauptstadt der Punier. Hannibal wurde nach Karthago gerufen, unterlag aber Scipio in der Schlacht bei Zama. Nach einem Friedensvertrag (201) zwischen Rom und Karthago war er weiter politisch in Karthago tätig, mußte aber schließlich unter dem Druck der Römer und der eigenen Landsleute fliehen. An immer neuen Orten hielt er sich auf, bis er, von den Römern eingeholt, Selbstmord beging.

3.6 Rom nach dem Zweiten Punischen Krieg

Der Zweite Punische Krieg veränderte die politische Situation der Mittelmeerländer gänzlich. Rom hatte zwar die konkurrenzlose Vormachtstellung errungen, aber an den Folgen des langen Krieges mußte es wie alle beteiligten Staaten leiden: Der Boden war weithin verwüstet, viele Städte waren zerstört, ein großer Teil der Bevölkerung war umgekommen.

Die meisten bäuerlichen Kleinbetriebe Italiens waren eingegangen oder verlassen; daher konnten sich große Ländereien, sogenannte Latifundien, bilden, die sich im Eigentum weniger Großgrundbesitzer befanden. Sie setzten zur Landarbeit Sklaven ein, die als Kriegsgefangene erbeutet worden waren. Viele ehemalige Landbewohner siedelten nach Rom über; ihre Hoffnung, dort Arbeit und Auskommen zu erlangen, erfüllte sich allerdings nur selten.

3.7 Zeittafel

264—241	Erster Punischer Krieg
247	Hamilkar übernimmt die karthagische Heeresleitung auf Sizilien Geburt Hannibals
244	Hamilkar besetzt den Berg Eryx
240—238	Aufstand der karthagischen Söldner
237	Hamilkar zieht mit Hannibal nach Spanien
229	Tod Hamilkars. Hasdrubal übernimmt den Oberbefehl in Spanien
226	‚Ebro-Vertrag' zwischen Hasdrubal und den Römern
221	Ermordung Hasdrubals. Hannibal wird Oberbefehlshaber
219	Hannibal erobert Sagunt
218—201	Zweiter Punischer Krieg
218	Hannibal überschreitet die Alpen. Karthagischer Sieg an der Trebia
217	Sieg Hannibals am Trasimenischen See. Q. Fabius Maximus wird Diktator
216	Vernichtende Niederlage der Römer bei Cannae. Capua fällt von Rom ab und verbündet sich mit Hannibal
211	Hannibal marschiert erfolglos nach Rom. Capua wird von den Römern zurückerobert
204	Scipio landet mit einem Invasionsheer in Afrika
203	Hannibal wird aus Italien nach Karthago gerufen
202	Niederlage Hannibals gegen Scipio bei Zama
201	Friedensvertrag zwischen Rom und Karthago
196	Hannibal reformiert als Suffet die karthagischen Finanzen
195	Hannibal flieht zu Antiochus
189	Hannibal flieht zu Prusias nach Bithynien
183	Von den Römern verfolgt, begeht Hannibal Selbstmord

4. Zur Form der Biographie

Die Biographie ist die ‚Lebensbeschreibung' eines Menschen. Sie muß die äußere, an die Zeit gebundene Abfolge seines Lebens schildern und diese mit anderen Ereignissen der Zeit verbinden; entweder prägen die Zeitereignisse die Person, oder die Person bestimmt die Zeit, „macht Geschichte". Die Biographie ist insofern ein Zweig der Geschichtsschreibung. Sie versucht aber im allgemeinen auch die innere Entwicklung der Person, ihre besonderen Charakterzüge, ihre ‚Lebensmitte' darzustellen. Insofern gehen in sie Vorstellungen der Wertphilosophie (Ethik) und der Psychologie (‚Seelenkunde') ein. Die Verfasser von Biographien können sich um Objektivität bemühen, aber es bleibt nicht aus, daß sie deuten und werten, einiges aus dem Leben der dargestellten Person stärker gewichten, anderes unterbewerten oder auslassen. Die Art ihrer Darstellung hängt außerdem davon ab, welche Leser sie erreichen und ob sie sie unterhalten oder belehren wollen. So greifen sie zu vielerlei Darstellungsformen.

Üblich sind: (a) Angaben zu den Lebensdaten; (b) Beschreibung der Taten; (c) Charakterisierung; (d) Würdigung der Leistungen und der Bedeutung der dargestellten Person. Die verschiedenen *Elemente, Erzählhaltungen und Verknüpfungsmöglichkeiten* innerhalb von Erzähltexten sind als Begleittext *Hannibal* 2 B 2 dargestellt, die verschiedenen *Charakterisierungsmöglichkeiten Hannibal* 10—11 B 1. Die *sprachlichen und stilistischen Mittel* ergeben sich aus den Ausführungen im Stilistischen Anhang (St).
Der anschaulichen Unterhaltung dienen *Anekdoten* (kurze charakterisierende Erzählungen über ein Ereignis aus dem Leben der Person, die oft mit einem Ausspruch dieser Person oder einer anderen wirkungsvollen Pointe enden). Wissenschaftlichen Anspruch erhebt eine *Auseinandersetzung mit den Quellen*, die der Autor erforscht hat, um das Leben seiner Person exakt darstellen zu können.
Über den Wert und den Stil der Biographien des Nepos streitet man. Man hat sie aber in allen Jahrhunderten gern gelesen, weil sie die ersten römischen Biographien sind und weil sie sowohl verhältnismäßig kurz als auch in verhältnismäßig leichtem Latein geschrieben sind.

5. Zum Aufbau dieser Textausgabe

Diese Textausgabe enthält folgende Abschnitte:

E = Einleitung mit Ausführungen zur Geschichte der Punischen Kriege, zu Nepos und zur Form der Biographie. Darauf wird öfters in den Aufgaben (A) verwiesen. Außerdem enthält sie ein praktisches Lernvokabular (E 6).

T = Texte. Außer der *Hamilkar*- und der *Hannibal-Vita* enthält diese Ausgabe einen kurzen Auszug aus der Lebensbeschreibung Catos und eine Charakterisierung Hannibals durch den römischen Historiker Livius. Diese zwei zusätzlichen Texte helfen, die Ziele und Verfahrensweisen des Nepos und die Person Hannibals besser zu erkennen.

A = Arbeitsaufträge, die zur Auseinandersetzung mit den Texten anregen sollen. Sie können ganz oder zum Teil bearbeitet oder durch andere ersetzt werden, wenn die Benutzer dieser Ausgabe auf andere Probleme und Fragen stoßen.

B = Begleittexte, die Hintergrundinformationen zum Text des Nepos bieten und seine Darstellungsart und seine Ziele besser zu verstehen helfen.

G = Übungen zur Wiederholung der Grammatik und zur Texterschließung. Wenn diese Ausgabe als erste Lektüre eingesetzt wird oder wenn sie später benutzt wird, können diese Aufgaben zur Einübung und Festigung bestimmter Grammatikkenntnisse dienen. Dies hat zwei Wirkungen: Erstens wird Wissen gesichert und für weitere Texte fruchtbar gemacht. Dieser und weitere Texte werden schneller erschlossen und verstanden und korrekter übersetzt. Zweitens läßt sich öfters erkennen, daß bestimmte grammatische Erscheinungen grundlegend für bestimmte Texte oder Textteile sind (vgl. *Hamilkar 2 G 3*) oder Stil und Denkweise des Autors kennzeichnen. Grammatik ist notwendig für korrektes Sprechen und Schreiben. Grammatik ist aber auch Teil des Stils.

St = Stilistischer Anhang. Hier sind einige besondere sprachliche Erscheinungen zusammengestellt, die über das normale Schreiben und Sprechen hinausgehen und einer Aussage eine besondere Wirkung verschaffen.

6. Lernvokabeln

(Bereich **A**: Menschliches Verhalten. — Bereich **B**: Gesellschaft, Staat, Verfassung. — Bereich **C**: Militär, Krieg.)

HAMILKAR

1	**A:**	āmittere, mīsi, missum	verlieren	negāre + *A.c.i.*	sagen, daß ... nicht; sich weigern, zu ...
		cōnsilium	Rat, Plan	permittere, mīsi, missum	überlassen
		cupiditās, ātis *f.*	Begierde	pertinācia	Hartnäckigkeit
		ferōcia	Starrsinn, Trotz	statuere, statui, statūtum	beschließen
		flāgitium	Untat, Schande	virtūs, ūtis *f.*	Tüchtigkeit, Tapferkeit
		mēns, mentis *f.*	Geist, Gesinnung		
	B:	cōnsul, is *m.*	Konsul	patria	Heimat(stadt, -land)
		arbitrium	Entscheidung		
	C:	arma, orum	Waffen	gerere, gessi, gestum	(aus)führen; *Pass.:* vonstatten gehen, in e-m Zustand sein
		adversārius	Gegner	hostis, is *m.*	(Staats)Feind
		bellum	Krieg	lacessere, lacessīvi, lacessītum	reizen, herausfordern
		bellāre	Krieg führen	pāx, pācis *f.*	Vertrag(szustand), Frieden
		cēdere, cessi, cessum	gehen, weichen, nachgeben	praeesse + *Dat.*	leiten, befehligen
		dēcēdere (+ *Abl. separativus*)	weggehen, abrücken von	superior	überlegen; Sieger
		discēdere	weg-, herausgehen	superāre	überwinden, übertreffen
		classis, is *f.*	Flotte	vincere, vīci, victum	(be)siegen
		dēfendere, fendi, fensum	abwehren, verteidigen		
		exercitus, ūs *m.*	Heer		

2	**A:**	cōgnōscere, cognōvī, cognitum	erkennen, erfahren	petere, petīvi, petītum	streben nach, bitten um
		impetrāre	erlangen, erreichen	spērāre	hoffen
		malum	Not, Übel	dēspērātio, ōnis *f.*	Verzweiflung, Hoffnungslosigkeit
		ōtium	Muße, Ruhe	(per)terrēre, terrui, territum	(völlig) erschrecken
	B:	fīnis, is *m.*	Grenze	oppidum	(Land)Stadt
		fīnēs, ium *m.*	Gebiet	rēs pūblica	Staat

	C:	angustiae (locōrum)	Engpaß	imperātor, ōris *m.*	Feldherr, Oberbefehlshaber
		armātus	Bewaffneter	mīles, itis *m.*	Soldat
		claudere, clausī, clausum	einschließen	mūrus	(Befestigungs)Mauer
		dēlēre	zerstören	oppūgnare	angreifen, bestürmen
		ferrum	Eisen, Schwert	auxilia, orum	Hilfstruppen
		imperium	Herrschaft(sbereich), Befehl(sgewalt)		
3	A:	animus	Geist, Mut	interdīcere, dīxi, dīctum + *Dat. der Person, Abl. der Sache*	(j-m etw.) untersagen, verbieten
		dīligere, lēxi, lēctum	lieben	mors, mortis *f.*	Tod
		efficere, ficio, fēci, fectum, ut	bewirken, erreichen, daß	sententia	Meinung, Plan
		fīdere, fīsus sum	glauben, vertrauen	socer, erī	Schwiegervater
		gener, erī	Schwiegersohn	turpis, e	schimpflich
				vetāre, vetui, vetitum	verbieten
	B:	praefectus	Aufseher	prīnceps, cipis *m.*	Erster, Oberhaupt
		mōs, mōris *m.*	Sitte, Brauch		
	C:	īnfēstus	feindlich	occīdere, cīdi, cīsum	töten
		peragere, ēgi, āctum	vollbringen		
4	A:	fortūna	Schicksal, Glück	mālle, mālui	lieber wollen
		interīre, iī, itum	untergehen	eō perdūcere, dūxi, ductum, ut	dahin bringen, daß
		odium	Haß		
	B:	gēns, gentis *f.*	Volk(sstamm)	pecūnia	Geld
	C:	bellicōsus	kriegerisch	proelium	Gefecht, Kampf
		bellum īnferre, intuli, illātum	j-m den Krieg erklären, den Krieg beginnen mit ...	pūgnāre	kämpfen
		experiri, pertus sum +*Akk.*	j-n auf die Probe stellen, mit j-m bis zur Entscheidung kämpfen	subigere, ēgi, āctum	unterwerfen

HANNIBAL

1	A:	vērus	wahr	fortitūdō, dinis *f.*	Tapferkeit
		dubitāre	(be)zweifeln, zögern	invidia	Mißgunst
		praestāre, stiti	übertreffen	anima	Leben
		prūdentia	Klugheit	dēsistere, destitī	aufhören
	B:	populus	Volk	cīvis, is *m.*	Bürger
		nātiō, ōnis *f.*	Volk(sstamm)	opēs, opum *f.*	(Macht)Mittel
	C:	congredī, gredior gressus sum	zusammentreffen, kämpfen	pellere, pepuli, pulsum	vertreiben, in die Flucht schlagen
		dēvincere, vīci, victum	(völlig) besiegen		
2	A:	voluntās, ātis *f.*	Wille	fidēs, eī *f.*	Treue, Vertrauen, Versprechen
		suspīciō, ōnis *f.*	Verdacht	libenter *(Adv.)*	gern
		corrumpere, rūpi, ruptum	verderben, bestechen	pōstulare	fordern

		comperīre, comperī, compertum	erfahren	amīcitia	Freundschaft
				accipere, cipio, cēpi, ceptum	annehmen
	B:	potēns, entis	mächtig	cōnsilium	Rat, Beratung
		rēx, rēgis *m.*	König	iūsiūrandum	Eid, Schwur
		lēgātus	Gesandter	iūrare	schwören
	C:	proficīscī, profectus sum	aufbrechen, (los)marschieren	iubēre, iussi, iussum	befehlen
				bellum parāre	Krieg vorbereiten
		castra, ōrum	Lager *(der Soldaten)*		
3	A:	relinquere, relīquī, relictum	zurücklassen	prohibēre, hibui, hibitum	hindern
				cōnari, cōnātus sum	versuchen
	B:	dēferre, tuli, lātum	übertragen, berichten	foederātus	verbündet
				cīvitās, ātis *f.*	(Stadt)Staat
		pūblicē *(Adv.)*	öffentlich	incola *m.*	Einwohner
	C:	equitātus, ūs *m.*	Reiterei, Kavallerie	cōnflīgere, flīxi, flīctum	kämpfen
		summa imperiī	Oberbefehl, Vorherrschaft	concīdere, cīdi, cīsum	(zusammen)schlagen, niederwerfen
		vīs, vim, vī *f.* *Pl.* vīrēs, vīrium	Kraft, Gewalt	mūnire	befestigen
		expūgnare	erobern	inermis, e	unbewaffnet
				cōpiae, ārum	Truppen
4	A:	morbus	Krankheit	premere, premo, pressi, pressum	bedrängen, beeinträchtigen
	B:	praetor, ōris	Praetor	cōnsulāris	Konsular, ehemaliger Konsul
	C:	saucius	verwundet	prōflīgare	(in die Flucht) schlagen
		fugare	in die Flucht schlagen	īnsidiae, ārum	Hinterhalt, Falle
				circumvenire	umzingeln
				occupare	besetzen
5	A:	morāri	sich aufhalten	audēre, ausus sum	wagen
		callidus	schlau	dolus	List
		terror	Schrecken	intellegere, lēxi, lēctum	verstehen
	B:	urbs, bis *f.*	(Haupt)Stadt	dictātor, ōris	Diktator
	C:	pūgna	Schlacht	vallum	(Befestigungs)Mauer
		resistere, restiti	Widerstand leisten	aciēs, ēi *f.*	Heer(esordnung), Schärfe
		claudere, clausi, clausum	(ein)schließen		
6	A:	cupere, cupio, cupīvi, cupītum	begehren		
	B:	colloquium	Gespräch	condiciō, onis *f.*	(Verhandlungs) Bedingung
	C:	īnvictus	unbesiegt	effugere, fugio, fūgi	entfliehen
		fuga	Flucht	opprimere, pressi, pressum	bedrängen

7	A:	grātiās agere, ēgi	Dank sagen	sē praebēre, praebui	sich bewähren
		dōnare	beschenken	rēri, ratus sum	glauben
		dīligentia	Sorgfalt, Umsicht	suscipere, cipio,	unternehmen
				cēpi, ceptum	
	B:	magistratus, ūs *m.*	Beamter, Amt	vectīgal, ālis *n.*	Steuer, Abgabe
		senātus, ūs *m.*	Senat	foedus, eris *n.*	Vertrag, Bündnis
		senātūs cōnsultum	Senatsbeschluß	ex(s)ul, lis	Verbannter
		creare	wählen, (er)schaffen	iūdicare	(ver)urteilen, richten
	C:	captīvus	(Kriegs)Gefangener	profugere, fugio, fūgi	fliehen
		obses, idis *m.*	Geisel	comprehendere,	ergreifen
		inimīcus	feindlich, Feind	hendi, hēnsum	
8	A:	spēs, speī *f.*	Hoffnung	pārēre, pārui	gehorchen
		persuādēre, suāsi	überreden	dēserere, serui,	im Stich lassen
		suāsum, ut		sertum	
		persuādēre + *A.c.i.*	überzeugen		
	B:	poena	Strafe		
	C:	bellum agere, ēgi	Krieg führen	cornu, ūs *n.*	Abteilung, Flügel
		dīmicare	kämpfen		*(einer Streitmacht)*
9	A:	verēri, veritus	fürchten, daß	avāritia	Habsucht
		sum, nē		crēdere, crēdidi,	anvertrauen,
		accidere, accidit	sich ereignen	crēditum	glauben
		cōnsīderare	überlegen	error, ōris *m.*	Irrtum
		prōvidēre, vīdi,	voraussehen,		
		vīsum	Vorsorge treffen		
	B:	potestās, tātis *f.*	Macht	aurum	Gold
		fāma	Gerücht, Ruf	argentum	Silber
	C:	custōdire	bewachen		
10	A:	illūdere, lūsi,	hinters Licht führen,	vehere, vēxi,	mit etw. fahren
		lūsum	verspotten	vectum + *Abl.*	
		valēre	stark sein	vehi, vectus sum	gefahren werden,
		arbitrari	glauben		fahren
		ratiō	Vernunft, Plan	scire, sci(v)i, scītum	wissen
				pollicēri,	versprechen
				pollicitus sum	
11	A:	ōstendere, tendi,	zeigen	se recipere, cipio,	sich zurückziehen
		tentum		cēpi, ceptum	
		quaerere, quaesīvi,	suchen	irrīdēre, rīsi, rīsum	verspotten
		quaesītum		mīrāri	sich wundern
		ēgredi, ēgredior,	herauskommen,	sustinēre, tinui	ertragen
		ēgressus sum	herkommen	vītare	meiden
		reperire, repperi	finden		
		cōnspicere, spicio,	sehen, erblicken		
		spēxi			
	B:	pālam facere	veröffentlichen	dēclārare	kenntlich machen
		profitēri,	erklären	epistula	Brief
		professus sum			

C:	sīgnum pūgnae	Angriffssignal	fugā salūtem	sein Heil in der
	proelium committere,	einen Kampf be-	petere	Flucht suchen
	mīsi, missum	ginnen, ein Gefecht	praesidium	Schutz(truppe)
	adoriri, ortus sum	liefern		
12 A:	cēnare	speisen	celer, ris, re	schnell
	exīstimare	glauben	retinēre, tinui,	behalten
	recūsare	zurückweisen	tentum	
	invenire, vēni,	finden	venēnum	Gift
	ventum		cōnsuēscere, suēvi,	sich gewöhnen,
	mūnus, eris *n.*	Geschenk; Amt	suētum	*Perf.:* gewohnt sein
	sentire, sēnsi,	(be)merken,	sūmere, sūmpsi,	nehmen,
	cōnsuētūdō, dinis *f.*	Gewohnheit	sūmptum	verbrauchen
			aliēnus	fremd
B:	rēgnum	(König)Reich	hospitium	Gastfreundschaft
	patrēs cōnscriptī	Väter und Beige-	(re)nūntiare	melden, berichten
		ordnete *(Senatoren)*	iānua	Tür
	iūs, iūris *n.*	Recht		
C:	occupare	besetzen	obsidēre, sēdi, sessum	belagern
13 A:	fortis, e	tapfer	vīvere, vīxi	leben
	tribuere, tribui,	widmen	pati, patior, passus	dulden, zulassen,
	tribūtum		sum	erlauben
	sermō, ōnis *m.*	Gespräch, Sprache	doctor, ōris *m.*	Lehrer

II. Text

HAMILKAR

1 Hamilkar im Krieg mit den Römern

1 Hamilcar, Hannibalis filius, cognomine Barca, Karthaginiensis, primo
Poenico bello, sed temporibus extremis, admodum adulescentulus in
2 Sicilia praeesse coepit exercitui. Cum ante eius adventum et mari et
terra male res gererentur Karthaginiensium, ipse, ubi adfuit, num-
quam hosti cessit neque locum nocendi dedit saepeque e contrario
occasione data lacessivit semperque superior discessit. Quo facto,
cum paene omnia in Sicilia Poeni amisissent, ille Erycem sic defendit,
3 ut bellum eo loco gestum non videretur. Interim Karthaginienses clas-
se apud insulas Aegatis a C. Lutatio, consule Romanorum, superati
statuerunt belli facere finem eamque rem arbitrio permiserunt Hamil-
caris. Ille, etsi flagrabat bellandi cupiditate, tamen paci serviun-
dum putavit, quod patriam exhaustam sumptibus diutius calamitates
4 belli ferre non posse intellegebat, — sed ita, ut statim mente agitaret,
si paulum modo res essent refectae, bellum renovare Romanosque ar-
mis persequi, donicum aut virtute vicissent aut victi manus dedissent.
5 Hoc consilio pacem conciliavit; in qua tantā fuit ferociā — cum Catu-
lus negaret bellum compositurum, nisi ille cum suis, qui Erycem

---

1 (1) **cōgnōmen,** inis *n.:* Beiname. **cōgnōmine** *(Abl. des Bezugspunktes, für den etw. gilt):* mit (dem) Beinamen. **Barca:** Barkas (*phönizisch/punisch:* ‚Blitz'). **Karthaginiēnsis,** is: Karthager. **admodum:** fast, noch. **adulescentulus:** sehr junger Mann. **praeesse:** *H. übernahm den Oberbefehl 246 v. Chr.* (2) **cum:** *adversativ (‚einen Gegensatz bezeichnend'):* während. **male** *(Adv.):* schlecht. **locum dare:** Gelegenheit geben. **ē contrāriō:** im Gegenteil. **lăcessere,** lăcessīvi, lăcessītum: reizen, herausfordern. **discēdere:** *svw.* aus dem Kampf gehen. **quō factō:** *relativischer Anschluß, → Hamilkar 3 G 3.* **Sicilia:** Sizilien, *vor dem Zweiten Punischen Krieg Teil des karthagischen Einflußbereichs.* **āmittere:** verlieren. **Eryx,** ycis *m.:* Eryx, *Berg und befestigte Stadt an der Westküste Siziliens, → E 3.1.* (3) **classe:** *Abl. instrumenti oder des Bezugspunktes, zu* superati. **īnsulae Aegātēs,** ium: Ägatische Inseln, *vor der Westspitze Siziliens.* **Aegātīs:** *Akk. Pl., der oft* -īs, *nicht* -ēs, *als Endung hat.* **C. Lutatius Catulus:** *→ E. 3.1.* **pāci servīre:** für einen Friedensschluß Sklave sein. **exhaurīre,** hausi, haustum: erschöpfen, auslaugen. **sumptus,** ūs, *m.:* Kosten, Ausgaben. **diūtius** *(Adv.):* länger. **calamitās,** ātis *f.:* Unglück, Verlust. (4) **ita:** *svw.* nur so weit. **mente agitare:** im Geist betreiben, fest entschlossen sein. **modo:** nur. **reficere:** wiederherstellen, bessern. **dōnicum** = dōnec: bis. **manūs dare:** sich ergeben. (5) **pācem conciliāre:** einen Friedensvertrag schließen. **bellum compōnere,** posui, positum: den Krieg beenden. **sui:** seine Leute.

tenuerunt, armis relictis Sicilia decederent —, ut succumbente patria ipse periturum se potius dixerit, quam cum tanto flagitio domum rediret: Non enim suae esse virtutis arma a patria accepta adversus hostis adversariis tradere. Huius pertinaciae cessit Catulus.

2 Hamilkar — Retter im Bürgerkrieg

1 At ille, ut Karthaginem venit, multo aliter, ac sperarat, rem publicam
se habentem cognovit. Namque diuturnitate externi mali tantum ex-
arsit intestinum bellum, ut numquam pari periculo fuerit Karthago,
2 nisi cum deleta est. Primo mercennarii milites, qui adversus Romanos
fuerant, desciverunt, quorum numerus erat XX milium. Hi totam
3 abalienarunt Africam, ipsam Karthaginem oppugnarunt. Quibus ma-
lis adeo sunt Poeni perterriti, ut etiam auxilia ab Romanis petierint ea-
que impetrarint. Sed extremo, cum prope iam ad desperationem per-
4 venissent, Hamilcarem imperatorem fecerunt. Is non solum hostes a
muris Karthaginis removit, cum amplius C milia facta essent armato-
rum, sed etiam eo compulit, ut locorum angustiis clausi plures fame
quam ferro interirent. Omnia oppida abalienata — in his Uticam at-
5 que Hipponem, valentissima totius Africae — restituit patriae. Neque
eo fuit contentus, sed etiam finis imperii propagavit, tota Africa tan-
tum otium reddidit, ut nullum in ea bellum videretur multis annis
fuisse.

---

succumbere: unterliegen. **dēcēderent:** *Pl., da* ille cum suis. **perīre:** untergehen. **potius:** lieber, eher. **esse** + *Gen.:* gehören zu, entsprechen. **adversus** + *Akk.:* gegen. **hostīs:** *Akk. Pl.*

2 **(1) ut:** sobald. **aliter ac:** anders als. **spērārat** = spērāverat. **sē habēre:** sich befinden, in einem Zustand sein. **diūturnitās,** ātis *f.:* (lange) Dauer. **externus:** äußerer. **malum:** Not, Übel. **exardēscere,** arsi: entbrennen, auflodern. **intestīnum bellum:** Krieg im Innern, Bürgerkrieg. **periculō:** *entweder Abl. loci ohne Präposition oder Abl. qualitatis (‚der Eigenschaft').* **nisī:** außer. **delēta est:** *146 v. Chr.* **(2) mercennārius mīles:** Söldner; *im Unterschied zu Rom gab es in Karthago keine Wehrpflicht.* **adversus:** → *1,5.* **dēscīscere,** scīvi: abfallen. **XX (vīgintī) mīlium:** 20 000. **abalienare:** entfremden, zum Abfall bewegen. **abalienārunt, oppugnārunt:** *Perfektformen ohne* -ve-. **Africa:** *der damals bekannte Teil Afrikas an der südlichen Mittelmeerküste.* **(3) quibus:** *relativischer Anschluß,* → *3 G 3.* **petierint, impetrārint:** *Perfektformen ohne* -ve-. **extrēmō:** schließlich. **dēspērātio:** Verzweiflung. **imperator:** → *B 1.* **(4) removēre,** mōvi, mōtum: entfernen. **amplius:** mehr als. **C (centum) mīlia:** 100 000. **facere:** *svw.* aufbieten. **armātōrum:** *Gen. partitivus (‚eine Teilung bezeichnend').* **eō compellere, ut:** dazu treiben *oder* zwingen, daß ... **plūrēs:** *sc.* hostēs. **famēs,** is, *f.:* Hunger. **Utica, Hippo:** *Städtenamen.* **valēns,** entis: mächtig, stark. **restituere:** wiederherstellen, zurückgewinnen. **patriae:** *Dat. commodi (‚der Person, die den Vorteil hat').* **(5) contentus** + *Abl.:* zufrieden. **fīnīs:** *Akk. Pl.* **propagare:** ausdehnen, erweitern. **reddere,** reddidi, redditum: wiederbringen. **ea:** *meint* Africa. **multis annis:** *Abl. qualitatis (‚der Eigenschaft'), zu* bellum.

3 Hamilkar erobert Spanien

1 Rebus his ex sententia peractis fidenti animo atque infesto Romanis, quo facilius causam bellandi reperiret, effecit, ut imperator cum exercitu in Hispaniam mitteretur, eoque secum duxit filium Hannibalem
2 annorum novem. Erat praeterea cum eo adulescens illustris formosus Hasdrubal, quem nonnulli diligi turpius, quam par erat, ab Hamilcare loquebantur; non enim maledici tanto viro deesse poterant. Quo factum est, ut a praefecto morum Hasdrubal cum eo vetaretur esse. Huic ille filiam suam in matrimonium dedit, quod moribus eorum non pot-
3 erat interdici socero genero. De hoc ideo mentionem fecimus, quod Hamilcare occiso ille exercitui praefuit resque magnas gessit et princeps largitione vetustos pervertit mores Karthaginiensium eiusdemque post mortem Hannibal ab exercitu accepit imperium.

4 Hamilkars Römerhaß

1 At Hamilcar, posteaquam mare transiit in Hispaniamque venit, magnas res secunda gessit fortuna: Maximas bellicosissimasque gentes
2 subegit, equis, armis, viris, pecunia totam locupletavit Africam. Hic cum in Italiam bellum inferre meditaretur, nono anno, postquam in Hispaniam venerat, in proelio pugnans adversus Vettones occisus est.
3 Huius perpetuum odium erga Romanos maxime concitasse videtur secundum bellum Poenicum. Namque Hannibal, filius eius, assiduis patris obtestationibus eo est perductus, ut interire quam Romanos non experiri mallet.

---

3 (1) **ex** + *Abl.:* entsprechend, gemäß. **fīdēns,** entis: (auf sich) vertrauend, selbstbewußt. **quō:** damit; *der Finalsatz (→ G 2) steht vor der übergeordneten Information, weil er die der Handlung vorausgehende Motivation nennt.* **imperātor:** *Nominativ-Ergänzung:* als ... **Hispania:** Spanien, *damals noch keine römische Provinz.* **eō:** dorthin. **annorum novem:** *Gen. qualitatis (‚der Eigenschaft').* (2) **illūstris:** berühmt, adlig. **fōrmōsus:** schön (gestaltig). **Hasdrubal,** is: *vor dem Spanienfeldzug erfolgreicher, beim Volk beliebter Politiker.* **quem ... dīligī:** *A. c. i., sog. verschränkter Relativsatz, → G 3 (3).* **pār:** angemessen. **loquī:** sagen, schwätzen; *→ 2 G 3.* **maledicus:** Schmähsüchtiger, Verleumder. **fit, ut ...,** *Perf.* factum est, ut: es kommt vor, geschieht, daß ... **praefectus mōrum:** Sittenaufseher, *öffentliches Amt in Karthago.* **huic:** *meint* Hasdrubal. **ille:** *meint* Hamilcar. **in mātrimōnium dare:** in die ‚Mutterschaft' geben, zur Frau geben. **eōrum:** *meint* die Punier. (3) **ideō:** deshalb. **mentiōnem facere dē** + *Abl.:* erwähnen. **prīnceps:** als erster. **largītio,** onis *f.:* Bestechung. **vetustus:** alt(gewohnt). **eiusdem:** *Gen.-Attr. zu* mortem.

4 (1) **post(eā)quam:** nachdem. **secundus:** folgend, *d. i.* zweiter *und:* günstig *(vom Wind, der dem Schiff folgt, seine Fahrt begünstigt).* **locuplētāre:** bereichern, vollstopfen. (2) **meditārī:** erwägen. **nōnus:** der neunte. **Vettōnēs,** um: Vettonen, *lusitanischer Volksstamm an der Westküste Spaniens.* (3) **perpetuus:** ewig. **ergā** + *Akk.:* gegen. **concitāre:** erregen, verursachen. **secundum bellum Poenicum:** *218—202.* **assiduus:** beständig. **obtēstātiō,** ōnis *f.:* Beschwörung.

1 Tapferkeit, Klugheit und Haß Hannibals

1 Hannibal, Hamilcaris filius, Karthaginiensis.
Si verum est (quod nemo dubitat), ut populus Romanus omnes gentes
virtute superarit, non est infitiandum Hannibalem tanto praestitisse
ceteros imperatores prudentia, quanto populus Romanus antecedat
2 fortitudine cunctas nationes. Nam quotienscumque cum eo congres-
sus est in Italia, semper discessit superior. Quod nisi domi civium
suorum invidia debilitatus esset, Romanos videtur superare potuisse.
Sed multorum obtrectatio devicit unius virtutem.
3 Hic autem velut hereditate relictum odium paternum erga Romanos
sic conservavit, ut prius animam quam id deposuerit, qui quidem,
cum patria pulsus esset et alienarum opum indigeret, numquam desti-
terit animo bellare cum Romanis.

2 Hannibals ewiger Haß auf die Römer

1 Nam ut omittam Philippum, quem absens hostem reddidit Romanis,
omnium iis temporibus potentissimus rex Antiochus fuit. Hunc tanta
cupiditate incendit bellandi, ut usque a Rubro mari arma conatus sit
2 inferre Italiae. Ad quem cum legati venissent Romani, qui de eius vo-
luntate explorarent darentque operam, consiliis clandestinis ut Hanni-
balem in suspicionem regi adducerent, tamquam ab ipsis corruptum
alia atque antea sentire, neque id frustra fecissent idque Hannibal

---

1 (1) **dubitāre:** bezweifeln. **ut ... supera(ve)rit:** *Subjekt(satz) zu* vērum est. **īnfitiārī:** leugnen. **antecēdere:** übertreffen; *der Konj. bezieht den Inhalt enger auf das übergeordnete* Hannibalem ... praestitisse; *i. D. etwa:* um wieviel ja ... **cūncti:** alle. (2) **quotiēnscumque:** immer, wenn; sooft ... **congredi,** gredior, gressus sum: *(feindlich)* zusammentreffen. **quod:** *svw.* daher. **dēbilitāre:** schwächen. **obtrectātiō:** Mißgunst: *die karthagische Oppositionspartei unter Hanno sprach sich immer wieder gegen den Italienfeldzug aus und störte so den schwierigen Nachschub.* **dēvincere,** vīci: überwinden. (3) **hērēditās,** ātis *f.:* Erbschaft, Erbe. **relinquere,** liqui, lictum: überlassen. **paternus:** *Adj. zu* pater. **ergā** + *Akk.:* → *Hamilkar 4,3.* **anima:** Leben. **dēpōnere,** posui: aufgeben. **id:** *meint* odium. **quī:** → *Hamilkar 3 G 3.* **quidem:** jedenfalls, sogar. **opēs:** (Streit)Kräfte. **indigēre:** bedürfen. **dēsistere,** stiti: aufhören; *zum Konj. vgl. zu* antecedat. **animō:** *Abl. instrumenti.*

2 (1) **omittere:** auslassen. **Philippus:** → *B 1.* **absēns,** sentis: abwesend; *prädikativ:* in Abwesenheit. *Hannibal führte in Italien Krieg und hielt nur durch Boten mit Philipp Verbindung.* **reddere,** reddidi: machen zu. **Antiochus:** → *B 1.* **incendere,** cendi: entflammen, begeistern. **ūsque ā Rubrō marī:** *svw.* (sogar) vom Roten Meer. **arma inferre** + *Dat.:* mit Truppen angreifen. (2) **quem:** *relativischer Anschluß.* **voluntās,** ātis *f.:* Wille, Absicht. **explōrāre dē** + *Abl.:* sich erkundigen nach, ausforschen. **operam dare, ut:** sich Mühe geben, ...zu... **cōnsilium:** Beratung. **clandestīnus:** geheim. **in suspīciōnem alicui addūcere:** bei j-m in Verdacht bringen. **tamquam:** als ob. **ipsis:** *meint* die Römer. **alia atque anteā sentīre:** *svw.* eine andere Meinung haben als vorher. **sēque** = et sē. **interior:** *svw.* vertraulich.

3 comperisset seque ab interioribus consiliis segregari vidisset, tempore dato adiit ad regem, eique cum multa de fide sua et odio in Romanos commemorasset, hoc adiunxit: ‚Pater meus‘ inquit ‚Hamilcar, puerulo me, utpote non amplius novem annos nato, in Hispaniam imperator proficiscens Karthagine, Iovi Optimo Maximo hostias immolavit.
4 Quae divina res dum conficiebatur, quaesivit a me, vellemne secum in castra proficisci. Id cum libenter accepissem atque ab eo petere coepissem, ne dubitaret ducere, tum ille ‚Faciam‘ inquit ‚si mihi fidem, quam postulo, dederis.‘ Simul me ad aram adduxit, apud quam sacrificare instituerat, eamque ceteris remotis tenentem iurare iussit num-
5 quam me in amicitia cum Romanis fore. Id ego iusiurandum patri datum usque ad hanc aetatem ita conservavi, ut nemini dubium esse de-
6 beat, quin reliquo tempore eadem mente sim futurus. Quare, si quid amice de Romanis cogitabis, non imprudenter feceris, si me celaris; cum quidem bellum parabis, te ipsum frustraberis, si non me in eo principem posueris.‘

3 Hannibals Weg nach Italien

1 Hac igitur, qua diximus, aetate cum patre in Hispaniam profectus est. Cuius post obitum Hasdrubale imperatore suffecto equitatui omni praefuit. Hoc quoque interfecto exercitus summam imperii ad eum
2 detulit. Id Carthaginem delatum publice comprobatum est. Sic Hannibal, minor V et XX annis natus, imperator factus proximo triennio

---

sēgregāre: ausschließen. (3) **in** + *Akk.:* gegen. **commemorāre:** (nachdrücklich) in Erinnerung rufen. **adiungere,** iūnxi: hinzufügen. **puerulus:** *Verkleinerungsform zu* puer. **utpote:** nämlich. **nōn amplius IX (novem) annōs nātus:** nicht mehr als neun Jahre alt. **imperātor:** → *3,1.* **Iuppiter Optimus Maximus:** *Name des obersten röm. Gottes, der h. für den höchsten karthagischen Gott Baal Hammon verwendet wird.* **hostia:** Opfertier. **immolāre:** opfern. (4) **dīvīnus:** göttlich. **dum:** während. **cōnficere:** ausführen. **quaerere ā:** j-n fragen. **-ne:** ob *(Einleitung eines abh. Fragesatzes).* **sēcum:** mit ihm. **libenter** *(Adv.):* gern. **coepisse:** begonnen haben. **dubitāre:** zögern. **dūcere:** *svw.* mitnehmen. **fidem dare:** Versprechen geben, versprechen. **āra:** Altar. **addūcere,** dūxi: heranführen. **sacrificāre:** opfern. **īnstituere,** stitui: beginnen. **removēre,** mōvi, mōtum: entfernen. **tenentem:** *sc.* mē. **fore** *und* **futūrum esse:** *Inf. Fut. Aktiv zu* esse. (5) **ūsque ad:** bis zu. **aetās:** *Hannibal ist etwa 55 Jahre alt, als er bei Antiochus ist.* **cōnservāre:** bewahren. **quārē:** *relativischer Anschluß;* → *Hamilkar 3 G 3.* **quid:** etwas. **amīcus:** freund(schaft)lich. **cōgitāre:** denken. **fēceris, cēlā(ve)ris:** *Futur II als nachdrückliche Formulierung.* **cēlare** + *Akk.:* vor j-m geheim halten. **frūstrārī:** um den Erfolg bringen.

3 (1) **hāc ... aetāte:** *durch Attributsatz unterbrochen.* **quā** *(im Kasus an* hāc *angeglichen).* **dīximus:** → *Hannibal 2,3; Hamilkar 3,1.* **obitus,** ūs, *m.:* Tod *(229).* **Hasdrubal,** alis: *Hamilkars Schwiegersohn,* → *Zeitafel E 3.7.* **sufficere,** ficio, fēci, fectum: nachwählen. **interficere,** ficio, fēci, fectum: töten. **summa imperiī:** Oberbefehl. **pūblicē** *(Adv.):* öffentlich, vom Staat. **comprobāre:** gutheißen, bestätigen → *Hamilkar 2 B 1.* (2) **minor V et XX (quīnque et vīgintī) annōs nātus:** weniger als 25 Jahre alt. **proximus:** nächster. **triennium:** (Zeitraum von) drei Jahre(n).

omnes gentes Hispaniae bello subegit; Saguntum, foederatam civita-
3 tem, vi expugnavit; tres exercitus maximos comparavit. Ex his unum in Africam misit, alterum cum Hasdrubale fratre in Hispania reliquit, tertium in Italiam secum duxit. Saltum Pyrenaeum transiit. Quacumque iter fecit, cum omnibus incolis conflixit; neminem nisi victum di-
4 misit. Ad Alpes posteaquam venit, quae Italiam ab Gallia seiungunt, quas nemo umquam cum exercitu ante eum praeter Herculem Graium transierat (quo facto is hodie saltus Graius appellatur), Alpicos conantes prohibere transitu concidit, loca patefecit, itinera muniit, effecit, ut ea elephantus ornatus ire posset, qua antea unus homo inermis vix poterat repere. Hac copias traduxit in Italiamque pervenit.

4 Hannibals Erfolge in Italien

1 Conflixerat apud Rhodanum cum P. Cornelio Scipione consule eumque pepulerat. Cum hoc eodem Clastidii apud Padum decernit sau-
2 ciumque inde ac fugatum dimittit. Tertio idem Scipio cum collega Tiberio Longo apud Trebiam adversus eum venit. Cum his manum conseruit utrosque profligavit. Inde per Ligures Appenninum transiit pe-
3 tens Etruriam. Hoc itinere adeo gravi morbo afficitur oculorum, ut postea numquam dextro aeque bene usus sit. Qua valetudine cum etiam tum premeretur lecticaque ferretur, C. Flaminium consulem apud Trasumenum cum exercitu insidiis circumventum occidit, neque

---

subigere, ēgi: unterwerfen. **Saguntum:** → *E 3.4.* **foederātus:** verbündet *(sc. mit Rom).* **comparāre:** zusammenstellen. (3) **saltus** (, ūs) **Pȳrēnaeus:** Pyrenäengebirge *(zwischen der iberischen Halbinsel und Gallien).* **quācumque:** überall, wo. **incola** *m.:* Einwohner. **dīmittere**, mīsi: loslassen, laufen lassen. (4) **post(eā)quam:** → *Hamilkar 4.1.* **sēiungere:** trennen. **umquam:** jemals. **Grāius:** Grieche, griechisch. **Herculēs**, is: *der auch bei Römern populäre Halbgott, der Ungeheuer auf dem ganzen Erdkreis bekämpfte und dabei auch die Alpen überquert haben soll.* **trānsīre**, eō, ii: überschreiten. **quō factō:** *svw.* deshalb. **Alpicī:** Alpenbewohner. **prohibēre** + *Abl. (der Trennung):* an etw. hindern. **trānsitus**, ūs *m.: Subst. zu* trānsīre. **concīdere**, cīdi: niederwerfen, schlagen. **loca patefacere**, fēci: das Gelände gangbar machen. **itinera mūnīre:** Straßen befestigen. **efficere**, ficio, fēci, fectum: erreichen, bewirken. **eā** (*sc.* viā) ... **quā:** dort ..., wo. **elephantus ōrnātus:** Elefant mit Kriegsausrüstung, → *B 1.* **inermis**, e: unbewaffnet, ohne Gepäck. **vīx:** kaum. **rēpere:** kriechen. **hāc** (*sc.* viā): dort. **pervenīre**, vēni: kommen.

4 (1) **Rhodanus:** die Rhone, *Fluß in Gallien westlich der Alpen;* → *B 1.* **P. Cornēlius Scīpio:** *Konsul 218.* **Clastidi(i)** *(Lokativ):* bei Clastidium, → *B 1.* **Padus:** Po, *Fluß in Oberitalien.* **dēcernere cum aliquō:** mit j-m um die Entscheidung kämpfen. (2) **tertiō:** zum dritten Mal. **Trebia:** Trebia, *Nebenfluß des Po;* → *B 1.* **adversus** + *Akk.:* gegen. **manum cōnserere**, serui cum aliquō: j-n in einen Kampf verwickeln. **Ligurēs**, um: Ligurer, *italischer Volksstamm an der Riviera.* **Appennīnus:** Appeninen, *Gebirge.* **Etrūria:** Etrurien, *heute Toscana.* (3) **adeō:** so sehr. **morbō afficī:** von einer Krankheit ergriffen werden. **oculus:** Auge. **dextrō:** *sc.* oculō. **aequē** *(Adv.):* gleichermaßen. **valētūdō:** Gesundheitszustand. **etiam tum:** *svw.* gerade damals. **lectīca:** Sänfte. **Trasumēnus (lacus):** Trasimenersee; → *B 1.*

multo post C. Centenium praetorem cum delecta manu saltus occu-
4 pantem. Hinc in Apuliam pervenit. Ibi obviam ei venerunt duo con-
sules, C. Terentius et L. Aemilius. Utriusque exercitus uno proelio fu-
gavit, Paulum consulem occidit et aliquot praeterea consulares, in his
Cn. Servilium Geminum, qui superiore anno fuerat consul.

5 Hannibal — in Italien unüberwindlich

1 Hac pugna pugnata Romam profectus est nullo resistente. In propin-
quis urbi montibus moratus est. Cum aliquot ibi dies castra habuisset
et Capuam reverteretur, Q. Fabius Maximus, dictator Romanus, in
2 agro Falerno ei se obiecit. Hic clausus locorum angustiis noctu sine
ullo detrimento exercitus se expedivit Fabioque, callidissimo impera-
tori, dedit verba. Namque obducta nocte sarmenta in cornibus iuven-
corum deligata incendit eiusque generis multitudinem magnam dispa-
latam immisit. Quo repentino obiecto visu tantum terrorem iniecit
3 exercitui Romanorum, ut egredi extra vallum nemo sit ausus. Hanc
post rem gestam non ita multis diebus M. Minucium Rufum, magi-
strum equitum pari ac dictatorem imperio, dolo productum in proe-
lium fugavit. Tiberium Sempronium Gracchum, iterum consulem, in
Lucanis absens in insidias inductum sustulit. M. Claudium Marcel-
4 lum, quinquies consulem, apud Venusiam pari modo interfecit. Lon-
gum est omnia enumerare proelia. Quare hoc unum satis erit dictum,

---

C. Centēnius: *erster Unterbefehlshaber des anderen Konsuls Servilius Geminus; → B 1 (e).* **dēlēctus:** ausgewählt. **saltus,** ūs *m.:* (Wald)Schlucht, Paß. **Apūlia:** Apulien, *Landschaft im Südosten Italiens.* (4) **obviam:** entgegen. **C. Terentius Varro, L. Aemilius Paulus:** *Hannibals Gegner in der Schlacht bei Cannae; → B 1 (f).* **aliquot:** einige. **superior:** vorig(er).

5 (1) **Capua:** *Stadt in Kampanien; → E 3.5.* **Q. Fabius Maximus dictātor Rōmānus:** *→ E 3.5.* **ager Falernus:** das falernische Gebiet *im nördlichen Kampanien.* (2) **obicere,** icio, iēci: entgegenwerfen. **noctū:** bei Nacht. **dētrīmentum:** Schaden, Verlust. **expedīre:** befreien. **verba dare alicui:** j-n zum Narren halten. **obdūcere,** dūxi, ductum: darüberlegen, *Pass. svw.* hereinbrechen, s. ausbreiten. **sarmenta,** ōrum: Zweige. **cornu,** ūs *n.:* Horn. **iuvencus:** Stier: **dēligāre:** festbinden. **incendere,** cendi: anzünden. **dispālāre:** in alle Richtungen verteilen. **immittere,** mīsi: laufen lassen. **repentīnus:** plötzlich. **obicere,** icio, iēci, iectum: entgegenwerfen, vorsetzen, *Pass. svw.* ins Auge springen. **visus,** ūs *m.:* Anblick. **terror,** ōris *m.:* Schrecken. **inicere,** icio, iēci: einjagen, einflößen. **ēgredi:** herausgehen. **extrā** + *Akk.:* außerhalb. **vallum:** (Befestigungs)Mauer. (3) **M. Minucius Rūfus** *hatte als* magister equitum (Reiteroberst) *unüblicherweise die gleichen Befugnisse wie der Diktator.* **pār ac:** gleich wie. **parī ... imperiō:** *Abl. qualitatis, Attribut zu* magister equitum. **prōdūcere,** dūxi, ductum: hervorlocken. **Tiberius Semprōnius Gracchus:** *Konsul 215 und 213, fiel 212.* **Lūcānī:** die Lukaner, *italisches Volk südlich von Kampanien.* **absēns:** *→ 2,1; Hannibal belagerte gleichzeitig Tarent.* **indūcere,** dūxi, ductum: *svw.* hineinlocken. **tollere,** sustuli: umbringen, aus dem Weg schaffen. **M. Claudius Marcellus** *fiel 208.* **quīnquiēs cōnsul:** zum fünften Mal Konsul. **Venusia:** *Stadt in Apulien.* (4) **longum est:** *svw.* es würde zu weit führen. **ēnumerāre:** aufzählen.

ex quo intellegi possit, quantus ille fuerit: quamdiu in Italia fuit, nemo ei in acie restitit, nemo adversus eum post Cannensem pugnam in campo castra posuit.

6 Die Niederlage bei Zama bricht Hannibal nicht

1 Hinc invictus patriam defensum revocatus bellum gessit adversus P.
Scipionem, filium eius, quem ipse primo apud Rhodanum, iterum
2 apud Padum, tertio apud Trebiam fugarat. Cum hoc — exhaustis iam
patriae facultatibus — cupivit impraesentiarum bellum componere,
quo valentior postea congrederetur. In colloquium convenit, condi-
3 ciones non convenerunt. Post id factum paucis diebus apud Zamam
cum eodem conflixit; pulsus — incredibile dictu! — biduo et duabus
noctibus Hadrumetum pervenit, quod abest ab Zama circiter milia
4 passuum trecenta. In hac fuga Numidae, qui simul cum eo ex acie ex-
cesserant, insidiati sunt ei; quos non solum effugit, sed etiam ipsos
oppressit. Hadrumeti reliquos e fuga collegit; novis dilectibus paucis
diebus multos contraxit.

7 Hannibals politische Leistung und seine Flucht aus Karthago

1 Cum in apparando acerrime esset occupatus, Karthaginienses bellum
cum Romanis composuerunt. Ille nihilo setius exercitui postea prae-
fuit resque in Africa gessit (itemque Mago frater eius) usque ad P. Sul-

---

quārē: daher. **quamdiū:** solange. **aciēs,** ēi *f.:* Schlacht. **adversus:** → *4,2.* **in campō:** auf freiem Felde.

6 (1) **dēfēnsum** *(sog. Supinum I):* um zu verteidigen. (2) **exhaurīre:** → *Hamilkar 1,3.* **facultās,** ātis *f.:* Möglichkeit, Ressource. **impraesentiārum:** bei der augenblicklichen Lage, für den Augenblick. **bellum compōnere:** → *Hamilkar 1,5.* **quō** *(mit folgendem Komparativ):* damit ... desto. **valēns,** entis: stark. **convenīre,** vēni: kommen, passen. (3) **Zama:** *Stadt südwestlich von Karthago;* → *E 3.5.* **incrēdibilis,** e: unglaublich. **dictū** *(sog. Supinum II):* zu sagen. **bīduum:** (Zeitraum von) zwei Tage(n). **Hadrūmētum:** *Küstenstadt südlich von Karthago.* **circiter:** etwa. **mīlia passuum:** Meilen. **trecentī:** dreihundert. (4) **Numidae:** Numider, *Volk südwestlich von Karthago, aus dem viele Söldner in Hannibals Truppe kamen.* **īnsidiārī** + *Dat.:* nachstellen, überfallen. **opprimere,** pressi: überwältigen. **Hadrūmētī:** *Lokativ.* **dīlēctus,** ūs *m.:* Aushebung, Anwerbung *(von Soldaten).*

7 (1) **apparāre:** rüsten. **occupāre:** beanspruchen. **bellum compōnere:** → *Hamilkar 1,5.* **nihilō sētius:** nichtsdestoweniger. **rēs in Āfricā gessit:** *Hannibal versuchte, innerhalb der durch den Friedensvertrag gegebenen Möglichkeiten die karthagische Herrschaft wiederherzustellen.*

2 picium C. Aurelium consules. His enim magistratibus legati Karthagi-
nienses Romam venerunt, qui senatui populoque Romano gratias age-
rent, quod cum iis pacem fecissent, ob eamque rem corona aurea eos
donarent simulque peterent, ut obsides eorum Fregellis essent captivi-
3 que redderentur. His ex senatus consulto responsum est: munus eo-
rum gratum acceptumque esse; obsides, quo loco rogarent, futuros;
captivos non remissuros, quod Hannibalem, cuius opera susceptum
bellum foret, inimicissimum nomini Romano, etiam nunc cum impe-
4 rio apud exercitum haberent itemque fratrem eius Magonem. Hoc
responso Karthaginienses cognito Hannibalem domum et Magonem
revocaverunt. Huc ut rediit, rex factus est, postquam praetor fuerat,
anno secundo et vicesimo; ut enim Romae consules, sic Karthagine
5 quotannis annui bini reges creabantur. In eo magistratu pari diligentia
se Hannibal praebuit, ac fuerat in bello. Namque effecit, ex novis vec-
tigalibus non solum ut esset pecunia, quae Romanis ex foedere pende-
6 retur, sed etiam superesset, quae in aerario reponeretur. Deinde anno
post M. Claudio L. Furio consulibus Roma legati Karthaginem vene-
runt. Hos Hannibal ratus sui exposcendi gratia missos, priusquam iis
senatus daretur, navem ascendit clam atque in Syriam ad Antiochum
7 profugit. Hac re palam facta Poeni naves duas, quae eum comprehen-
derent, si possent consequi, miserunt, bona eius publicarunt, domum
a fundamentis disiecerunt, ipsum exulem iudicarunt.

P. Sulpicius Galba, C. Aurēlius Cotta: *Konsuln des Jahres 200.* (2) **hīs ... magistrātibus** *(Abl. + Prädikativum): svw.* unter ihrer Amtsführung. **agerent:** *finaler Konjunktiv.* **ob** *+ Akk.:* wegen. **ob eamque** = et ob eam. **corōna aurea:** *Gesandtschaftsgeschenk, insbesondere für siegreiche Feldherrn.* **donāre aliquem aliquā rē:** j-m etwas schenken. **Fregellae:** *Stadt in Latium,* **Fregellis:** *Abl. loci. Die Geiseln waren vorher an verschiedenen, entlegenen Orten untergebracht und wollten zusammen in einer Stadt leben.* (3) **ex:** → *Hamilkar 3,1.* **senatūs consultum:** Senatsbeschluß. **mūnus,** mūneris *n.:* Geschenk. **acceptus:** angenehm, willkommen. **futūrōs** (esse): → *2,4.* **quō locō rogārent:** an dem Ort, an dem sie es wünschten. **remissūrōs:** *sc.* sē esse. **foret** = esset. (4) **respōnsum:** Antwort. **cōgnōscere,** nōvi, nitum: erfahren. **hūc:** hierher; *Nepos schildert gleichsam aus der Nähe.* **ut:** sobald. **rēx:** ‚Suffet', → *B 1.* **praetor:** *h. svw.* imperātor. **secundus et vīcēsimus:** zweiundzwanzigster. **quotannīs:** jährlich. **annuus:** für ein Jahr. **bīnī:** je zwei; → *Hamilkar 2 B 1.* (5) **pār ... ac:** → *5,3.* **esse:** *svw.* vorhanden sein. **superesset:** *sc.* pecunia. **aerārium:** Staatskasse; → *B 1.* **repōnere:** zurücklegen. **penderētur, repōnerētur:** *Konjunktive in Angleichung an die übergeordneten Konjunktivformen und mit konsekutivem Sinn.* (6) **annō post:** ein Jahr später. **M. Claudius Marcellus, L. Furius:** *Konsuln 196.* **ratus:** *von* rēri. **suī expōscendī:** *Gen. zu* sē expōscere: seine Auslieferung verlangen. **grātiā** *(nachgestellt) + Gen.:* wegen. **priusquam darētur** *(potentialer Konjunktiv):* bevor noch ... gegeben werden konnte. **senātus,** ūs *m.:* (die Anhörung durch den) Senat. **Antiochus, Syria:** → *2 B 1.* (7) **palam fierī:** bekannt werden. **bona,** ōrum: Güter, Besitz. **pūblicāre:** verstaatlichen. **disicere,** icio, iēci: auseinanderwerfen (*lat.: von wo aus; dt.:* niederreißen bis auf ...). **ex(s)ulem iūdicāre:** durch Gerichtsurteil zum Verbannten erklären.

8 Hannibal bei Antiochus

1 At Hannibal anno tertio, postquam domo profugerat, L. Cornelio Q.
Minucio consulibus cum quinque navibus Africam accessit in finibus
Cyrenaeorum, si forte Karthaginienses ad bellum Antiochi spe fidu-
ciaque inducere posset, cui iam persuaserat, ut cum exercitibus in Ita-
2 liam proficisceretur. Huc Magonem fratrem excivit. Id ubi Poeni re-
sciverunt, Magonem eadem, qua fratrem, absentem adfecerunt poena.
Illi desperatis rebus cum solvissent naves ac vela ventis dedissent,
Hannibal ad Antiochum pervenit; — de Magonis interitu duplex me-
moria prodita est: namque alii naufragio, alii a servolis ipsius interfec-
3 tum eum scriptum reliquerunt. Antiochus autem si tam in agendo bel-
lo consiliis eius parere voluisset, quam in suscipiendo instituerat, pro-
pius Tiberi quam Thermopylis de summa imperii dimicasset. Quem
4 etsi multa stulte conari videbat, tamen nulla deseruit in re. Praefuit
paucis navibus, quas ex Syria iussus erat in Asiam ducere, iisque ad-
versus Rhodiorum classem in Pamphylio mari conflixit. Quo cum
multitudine adversariorum sui superarentur, ipse, quo cornu rem ges-
sit, fuit superior.

---

8 (1) **L. Cornēlius Scīpio, Q. Minucius Thermus:** *Konsuln 193.* **accēdere,** cessi: kommen nach. **Cȳrēnaeī:** Kyrenäer, *Volk im Osten Karthagos.* **sī forte:** (um zu versuchen,) ob vielleicht. **fīdūcia:** Vertrauen. **Antiochi:** *zu* spē fīdūciāque; *Antiochus (→ Hannibal 2 B 1) begann 198 mit der Ausweitung seines Machtbereichs nach Westen.* **indūcere:** anstiften. **excīere,** cīvi: kommen lassen. (2) **rescīscere,** scīvi: erfahren. **poenā adficere,** fēci: mit einer Strafe belegen. **eādem:** *zu* poenā. **quā fratrem:** *sc.* adfēcerant. **illī:** Hannibal *und* Mago. **dēspērātus:** verzweifelt, hoffnungslos. **dēspērātīs rebus:** *Abl. + Prädikativum.* **navēs solvere:** Anker lichten. **vēla ventīs dare:** *svw.* die Segel hissen. **interitus,** ūs *m.:* Untergang. **duplex:** zweifach. **memoria:** Nachricht. **prōdere,** didi, ditum: überliefern. **naufragium:** Schiffbruch. **servolus:** *Verkleinerungsform zu* servus. **scrīptum relinquere** + *A. c. i.:* schriftlich hinterlassen, überliefern. (3) **eius:** *meint* Hannibal. (bellum) **suscipere:** übernehmen, beginnen. **īnstituere,** stitui: anfangen. **propius** + *Dat.:* näher (an). **Tiberis,** is *m.:* Tiber *(der durch Rom fließt).* **Thermopylae:** Thermopylen, *Gebirgspaß im Süden Thessaliens, berühmt durch den langen Widerstand, den dort 480 v. Chr. 300 Spartaner und 700 Thespier gegen das riesige Heer des Perserkönigs Xerxes leisteten; hier wurde Antiochus 191 von den Römern geschlagen.* **summa imperiī:** Vorherrschaft. **etsī:** wenn auch. **vidēbat:** *sc.* Hannibal. (4) **praeesse:** → *3,1.* **iubēri** *(+ Inf.):* den Befehl haben od. bekommen (...zu...). **Asia:** Kleinasien. **iīs:** *Abl. instrumenti.* **Rhodiī:** Rhodier, *Verbündete der Römer.* **classis,** is *f.:* Flotte. **mare Pamphȳlium:** das Pamphylische Meer *(vor dem südlichen Kleinasien).* **quō** (*sc.* locō) *meint* in Pamphylio mari *und steht als Rückverweis noch vor der Gliedsatzeinleitung* cum. **adversārius:** Gegner. **superāre:** überwinden.

9 Hannibal überlistet die Kreter

1 Antiocho fugato verens, ne dederetur — quod sine dubio accidisset, si sui fecisset potestatem — Cretam ad Gortynios venit, ut ibi, quo se
2 conferret, consideraret. Vidit autem vir omnium callidissimus in magno se fore periculo, nisi quid providisset, propter avaritiam Cretensium. Magnam enim secum pecuniam portabat, de qua sciebat exisse
3 famam. Itaque capit tale consilium: Amphoras complures complet plumbo, summas operit auro et argento. Has praesentibus principibus deponit in templo Dianae, simulans se suas fortunas illorum fidei credere. His in errorem inductis statuas aeneas, quas secum portabat,
4 omnes sua pecunia complet easque in propatulo domi abicit. Gortynii templum magna cura custodiunt, non tam a ceteris quam ab Hannibale, ne ille inscientibus iis tolleret secumque duceret.

10-11 Eine Seeschlacht mit biologischer Kriegsführung

10

Sic conservatis suis rebus Poenus illusis Cretensibus omnibus ad Prusiam in Pontum pervenit. Apud quem eodem animo fuit erga Italiam neque aliud quicquam egit, quam regem armavit et exercuit adversus
2 Romanos. Quem cum videret domesticis opibus minus esse robustum, conciliabat ceteros reges, adiungebat bellicosas nationes. Dissidebat ab eo Pergamenus rex Eumenes, Romanis amicissimus, bellum-
3 que inter eos gerebatur et mari et terra. Quo magis cupiebat eum

---

9 (1) **Antiochō fugātō:** *190 v. Chr.* **dēdere:** ausliefern. **potestās:** Macht, *h. svw.* Zugriffsmöglichkeit. **Crēta:** *die Insel* Kreta *im Mittelmeer (Einwohner:* Crētēnsēs, ium) *mit der Hauptstadt Gortyn* (*Einwohner:* Gortȳniī). **quō sē cōnferret:** *Obj. zu* cōnsīderāret. (2) **(ali)quid prōvidēre:** Vorsichtsmaßnahmen treffen. **propter** + *Akk.:* wegen. **de quā exīsse fāmam:** *relativische Verschränkung,* → *Hamilkar 3 G 3 (3).* **exīre:** ausgehen von. (3) **ámphora:** Amphore, *großes Vorratsgefäß aus Ton.* **plumbum:** Blei. **summas** (*prädikativ, zu* amphoras): ganz oben. **operīre:** bedecken. **prīncipēs:** Stadtoberhäupter. **dēpōnere:** abstellen. **Diāna:** *römische Göttin, der griechischen Jagd- und Naturgöttin* Artemis *gleichgesetzt.* **simulāre** + *A. c. i.:* so tun, als ob. **aēneus:** ehern; *die antiken Metallstatuen wurden im Hohlgußverfahren hergestellt.* **prōpatulum:** Vorhalle. **abicere:** hinwerfen, (achtlos) abstellen. (4) **custōdīre ā:** bewachen vor. **īnscientibus iīs** *(Abl. + Prädikativum):* ohne ihr Wissen. **tollere:** wegnehmen.

10 (1) **Prūsiās,** ae: Prusias, *236—186 König von* **Pontus** (Bithynien) *am Schwarzen Meer, neutral gegenüber Rom.* **animus:** Gesinnung. **ergā** + *Akk.:* → *Hamilkar 4,3.* **Italia:** Italien *(als Kernland des römischen Reiches).* **quicquam:** etwas. **armāre:** bewaffnen. **exercēre:** in Bewegung setzen. (2) **rōbustus:** stark. **domesticus:** eigen. **quem ... rōbustum:** *A. c. i. zu* videret. **conciliāre:** (zu einem Bündnis) gewinnen. **dissidēre ā:** verfeindet sein mit. **Pergamēnus:** von Pergamon, *der Hauptstadt des Pergamenischen Reiches (in Kleinasien).* **Eumēnes,** is: Eumenes III., *197—159 König von Pergamon.* (3) **quō magis:** umso mehr.

Hannibal opprimi. Sed utrobique Eumenes plus valebat propter Ro-
manorum societatem; quem si removisset, faciliora sibi cetera fore ar-
4 bitrabatur. Ad hunc interficiendum talem iniit rationem: Classe pau-
cis diebus erant decreturi. Superabatur navium multitudine; dolo erat
pugnandum, cum par non esset armis. Imperavit quam plurimas vene-
5 natas serpentes vivas colligi easque in vasa fictilia conici. Harum cum
effecisset magnam multitudinem, die ipso, quo facturus erat navale
proelium, classiarios convocat iisque praecipit, omnes ut in unam Eu-
menis regis concurrant navem, a ceteris tantum satis habeant se de-
6 fendere. Id illos facile serpentium multitudine consecuturos. Rex au-
tem in qua nave veheretur, ut scirent, se facturum. Quem si aut cepis-
sent aut interfecissent, magno iis pollicetur praemio fore.

11 Tali cohortatione militum facta classis ab utrisque in proelium deduci-
tur. Quarum acie constituta, priusquam signum pugnae daretur, Han-
nibal, ut palam faceret suis, quo loco Eumenes esset, tabellarium in
2 scapha cum caduceo mittit. Qui ubi ad naves adversariorum pervenit
epistulamque ostendens se regem professus est quaerere, statim ad
Eumenem deductus est, quod nemo dubitabat, quin aliquid de pace
esset scriptum. Tabellarius — ducis nave declarata suis — eodem, un-
3 de erat egressus, se recepit. At Eumenes soluta epistula nihil in ea rep-
perit nisi, quae ad irridendum eum pertinerent. Cuius etsi causam
mirabatur neque reperiebat, tamen proelium statim committere non
4 dubitavit. Horum in concursu Bithynii Hannibalis praecepto universi
navem Eumenis adoriuntur. Quorum vim rex cum sustinere non pos-
set, fuga salutem petit; quam consecutus non esset, nisi intra sua
5 praesidia se recepisset, quae in proximo litore erant collocata. Reli-

---

opprimere: überwältigen. **utrobīque:** *svw.* auf beiden (Kriegs)Schauplätzen. **plūs valēre:** überlegen sein. **societās,** ātis *f.:* Bündnis. **removēre,** mōvi: beseitigen. **ratiōnem inīre:** einen Plan schmieden. **(4) dēcernere,** crēvi, crētum: → *4,1.* **pār:** gleich (stark). **quam plūrimas:** möglichst viele. **serpēns** (,entis) **venēnāta:** Giftschlange. **vās** (vāsis) **fictile** *n.:* Tongefäß. **conicere:** *svw.* hineinstecken, einsperren. **(5) efficere:** → *3,4.* **nāvāle proelium:** Seeschlacht. **classiārius:** Marinesoldat. **praecipere:** befehlen, anordnen. **tantum:** nur. **satis habēre:** sich damit begnügen. **dēfendere ā:** verteidigen gegen. **(6) rēx ... veherētur:** *Objekt(satz) zu* scirent. **ut scīrent:** *Objekt(satz) zu* factūrum. **sē factūrum** (*sc.* esse): *indirekte Rede.* **alicui māgnō praemiō esse:** j-m große Belohnung einbringen.

11 **(1) cohortātiō:** Anfeuerung. **utrīque** *(Pl.):* (jede von) beide(n) Seiten. **aciem cōnstituere,** stitui, stitūtum: eine Schlachtordnung aufstellen, die Front formieren. **priusquam ... darētur:** → *zu 7,5.* **palam facere:** kenntlich, deutlich machen. **sui:** seine Leute. **tabellārius:** (Brief)Bote. **scapha:** Boot. **cādūceus:** Heroldsstab. **(2) ubī:** sobald. **dubitāre, quin:** daran zweifeln, daß. **eōdem, unde:** dorthin, woher. **ēgredi,** gredior, gressus sum: *svw.* losfahren. **(3) epistulam solvere:** Brief öffnen. **nisī:** außer. **pertinēre ad:** zu etw. dienen. **mīrāri** + *Akk.:* sich über etw. wundern. **dubitāre** + *Inf.:* zögern. **(4) concursus,** ūs *m.:* Zusammentreffen. **Bithȳn(i)ī:** Bithynier, *aus Thrakien eingewandertes Volk, Bewohner von Pontus;* → *10,1.* **praeceptum:** Anweisung. **ūniversus:** insgesamt. **intrā** + *Akk.:* innerhalb. **praesidium:** Stützpunkt. **lītus,** oris *n.:* Ufer, Strand.

quae Pergamenae naves cum adversarios premerent acrius, repente in
eas vasa fictilia, de quibus supra mentionem fecimus, conici coepta
sunt. Quae iacta initio risum pugnantibus concitarunt, neque, quare
6 id fieret, poterat intellegi. Postquam autem naves suas oppletas con-
spexerunt serpentibus, nova re perterriti, cum, quid potissimum vita-
rent, non viderent, puppes verterunt seque ad sua castra nautica rettu-
7 lerunt. Sic Hannibal consilio arma Pergamenorum superavit, neque
tum solum, sed saepe alias pedestribus copiis pari prudentia pepulit
adversarios.

12 Hannibals Tod

1 Quae dum in Asia geruntur, accidit casu, ut legati Prusiae Romae
apud T. Quintium Flaminium consularem cenarent atque ibi de Han-
2 nibale mentione facta ex iis unus diceret eum in Prusiae regno esse. Id
postero die Flaminius senatui detulit. Patres conscripti, qui Hannibale
vivo numquam se sine insidiis futuros existimarent, legatos in Bithy-
niam miserunt, in his Flaminium, qui ab rege peterent, ne inimicissi-
3 mum suum secum haberet sibique dederet. His Prusia negare ausus
non est; illud recusavit, ne id a se fieri postularent, quod adversus ius
hospitii esset: ipsi, si possent, comprehenderent; locum, ubi esset, fa-
cile inventuros. Hannibal enim uno loco se tenebat, in castello, quod
ei a rege datum erat muneri, idque sic aedificarat, ut in omnibus parti-
bus aedificii exitus haberet, scilicet verens, ne usu veniret, quod acci-
4 dit. Huc cum legati Romanorum venissent ac multitudine domum
eius circumdedissent, puer ab ianua prospiciens Hannibali dixit plures
praeter consuetudinem armatos apparere. Qui imperavit ei, ut omnes

---

(5) **repente** *(Adv.)*: plötzlich. **suprā:** (weiter) oben *(im Text)*. **mentiōnem facere dē:** erwähnen. **conicere:** schleudern. **coepisse, coeptum:** begonnen haben. **initiō:** anfangs. **rīsum concitāre** + *Dat.*: Gelächter erregen bei j-m. **quārē:** weshalb. (6) **opplētus:** angefüllt. **potissimum:** zuerst. **puppēs vertere**, verti: ‚die einzelnen Schiffsdecke, die Schiffe wenden', abdrehen. **sē referre**, refero, rettuli: zurückkehren. **castra nautica:** Seestützpunkt. (7) **aliās:** zu anderer Gelegenheit. **pedestrēs cōpiae:** Landtruppen.

12 (1) **quae:** *relativischer Anschluß, → Hamilkar 3 G 3.* **gerere:** tun, *Pass.:* geschehen. **accidit, ut:** es passiert, daß. **cāsus,** ūs *m.:* Zufall. **T. Quintius Flaminius:** *→ Hannibal 2 B 1.* **mentiōnem facere dē:** *→ 11,5.* (2) **posterus:** folgender. **īnsidiae,** ārum: (heimtückische) Anschläge. **existimārent:** *Konj. mit kausalem Sinn.* **peterent:** *Konj. mit finalem Sinn.* **sēcum:** *meint* Prusias. **nē ... -que:** *svw.* daß ... nicht ..., sondern. (3) **negāre:** *(die Bitte)* abschlagen, nein sagen. **illud recūsāre, nē:** s. dagegen sträuben, daß; verweigern, daß. **ā sē:** *meint* Prusias. **adversus:** *→ 4,2.* **iūs hospitiī:** Gastrecht. **... comprehenderent:** *Wunschsatz in indirekter Rede.* **inventūrōs** (*sc.* eōs esse): *ind. Rede.* **ūnus:** einzig. **locō:** *steht regelmäßig ohne Präp.* **sē tenēre:** sich aufhalten. **castellum:** Kastell, Festung. **mūnerī dare:** zum Geschenk geben. **sīc ..., ut:** so ..., daß. **exitus,** ūs *m.:* Ausgang. **scīlicet:** natürlich. **ūsū venīre:** sich ereignen. (4) **hūc:** *→ 7,4.* **puer:** junger Sklave. **prōspicere:** Ausschau halten. **plūrēs praeter cōnsuētūdinem:** *svw.* mehr als gewöhnlich. **apparēre:** erscheinen, sich zeigen.

fores aedificii circumiret ac propere sibi nuntiaret, num eodem modo undique obsideretur. Puer cum celeriter, quid esset, renuntiasset omnisque exitus occupatos ostendisset, sensit id non fortuito factum, sed se peti neque sibi diutius vitam esse retinendam. Quam ne alieno arbitrio dimitteret, memor pristinarum virtutum venenum, quod semper secum habere consuerat, sumpsit.

13 Hannibals literarische Bedeutung

1 Sic vir fortissimus multis variisque perfunctus laboribus anno acquie-
vit septuagesimo. Quibus consulibus interierit, non convenit. Nam-
que Atticus M. Claudio Marcello Q. Fabio Labeone consulibus mor-
tuum in annali suo scriptum reliquit, at Polybius L. Aemilio Paulo Cn.
Baebio Tamphilo, Sulpicius autem Blitho P. Cornelio Cethego M.
2 Baebio Tamphilo. Atque hic tantus vir tantisque bellis districtus non-
nihil temporis tribuit litteris. Namque aliquot eius libri sunt, Graeco
sermone confecti, in eis ad Rhodios de Cn. Manlii Volsonis in Asia
3 rebus gestis. Huius belli gesta multi memoriae prodiderunt, sed ex his
duo, qui cum eo in castris fuerunt simulque vixerunt, quamdiu for-
tuna passa est, Silenus et Sosylus Lacedaemonius. Atque hoc Sosylo
Hannibal litterarum Graecarum usus est doctore.

---

foris, is *f.:* Tür. **circumīre:** ringsum gehen zu. **propere** *(Adv.):* eilends. **num:** ob. **(5) omnīs** = omnēs. **fortuītō** *(Adv.):* zufällig. **dīmittere:** verlieren. **prīstinus:** ehemalig.

13 (1) **perfungi**, fūnctus sum + *Abl.:* durchmachen, überstehen. **acquiēscere**, quiēvi: zur Ruhe kommen. **septuāgēsimus:** siebzigster *(Hannibal war 183 erst 63 Jahre alt).* **quibus cōnsulibus:** in welchem Konsulatsjahr. **interīre**, eo, ii: umkommen, sterben. **nōn convenit:** darüber ist man sich nicht einig. **T. Pompōnius Atticus:** → *E 2.* **M. Claudius Marcellus, Q. Fabius Labeo:** *Konsuln 183.* (liber) **annālis:** Chronik. **scrīptum relinquere:** → *8,2.* **Polybius:** *griechischer Historiker, 201—120, befreundet mit Scipio d. J., verfaßte eine Weltgeschichte in 40 Büchern, eine der Quellen des Nepos.* **L. Aemilius Paulus, Cn. Baebius Tamphilus:** *Konsuln 182.* **Sulpicius Blitho:** *römischer Historiker.* **P. Cornēlius Cethēgus, M. Baebius Tamphilus:** *Konsuln 181.* (2) **distringere**, strīnxi, strictum: in Anspruch nehmen. **nōnnihil** + *Gen. partitivus (→ Hamilkar 2,4):* nicht wenig. **litterae:** Literatur; → *B 1.* **cōnfectus:** verfaßt. **ad Rhodiōs** (*sc.* liber): an die Rhodier gerichtet. **Cn. Mānlius Volso** *hatte 189 die Gallier in Kleinasien besiegt und 188 den Frieden zwischen Antiochus und Rom geschlossen.* **rēs gestae** *und* **gesta**, ōrum: Taten. (3) **huius:** *meint* Hannibal. **memoriae prōdere**, didi: überliefern. **simul:** zugleich (mit ihm). **quamdiū:** solange. **Sōsylus, Sīlēnus:** *griechische Historiker, möglicherweise von Polybios, mit Sicherheit von Nepos als Quellen benutzt.* **doctōre** *(+ Gen.)* **ūti:** als Lehrer haben (für etwas).

Livius über Hannibal

In seinem Geschichtswerk ‚Ab urbe condita' (‚Von der Stadtgründung an') gibt Titus Livius (59 v. Chr.—17 n. Chr.) folgende Darstellung über Hannibals Entsendung in das Heer Hasdrubals nach Spanien und über Hannibals Charakter *(Ab urbe condita 21,4):*

[1]Missus Hannibal in Hispaniam primo statim adventu omnem exercitum in se convertit. [2]Hamilcarem iuvenem redditum sibi veteres milites credere. [3]Eundem vigorem in vultu vimque in oculis, habitum oris lineamentaque intueri. [4]Deinde brevi effecit, ut pater in se minimum momentum ad favorem conciliandum esset. [5]Numquam ingenium idem ad res diversissimas, parendum atque imperandum, habilius fuit. [6]Itaque haud facile discerneres, utrum imperatori an exercitui carior esset; neque Hasdrubal alium quemquam praeficere malle, ubi quid fortiter ac strenue agendum esset, neque milites alio duce plus confidere aut audere. [7]Plurimum audaciae ad pericula capessenda, plurimum consilii inter ipsa pericula erat. [8]Nullo labore aut corpus fatigari aut animus vinci poterat. [9]Caloris ac frigoris patientia par; cibi potionisque desiderio naturali, non voluptate modus finitus; vigiliarum somnique nec die nec nocte discriminata tempora; id, quod gerendis rebus superesset, quieti datum; ea neque molli strato neque silentio accersita; multi saepe militari sagulo opertum humi iacentem inter custodias stationesque militum conspexerunt. [10]Vestitus nihil inter aequales excellens: arma atque equi conspiciebantur. [11]Equitum peditumque idem longe primus erat; princeps in proelium ibat, ultimus conserto proelio excedebat. [12]Has tantas viri virtutes ingentia vitia aequabant: inhumana crudelitas, perfidia plus quam Punica, nihil veri, nihil sancti, nullus deum metus, nullum ius iurandum, nulla religio. [13]Cum hac indole virtutum atque vitiorum triennio sub Hasdrubale imperatore meruit — nulla re, quae agenda videndaque magno futuro duci esset, praetermissa.

---

(1) **aliquem in sē convertere**, verti: *svw.* j-s Aufmerksamkeit auf sich lenken. (2) **redditum:** *sc.* esse. **crēdere, intuēri** (anschauen): *sog. historische Infinitive, die Berichtetes substantivieren und so monumentalisieren, i. D. kaum nachahmbar, sondern mit Präteritum wiederzugeben.* (3) **vigor,** ōris *m.:* Stärke, Lebenskraft. **habitus,** ūs *m.:* Haltung. **ōs,** ōris *n.:* Gesicht. **līneāmentum:** Umriß. (4) **mōmentum esse:** den Ausschlag geben. **favōrem conciliāre:** Gunst od. Beliebtheit gewinnen, ‚auf sich ziehen'. (5) **ingenium:** Veranlagung, Charakter. **dīversus:** verschieden, entgegengesetzt. **habilis:** geeignet, geschickt. (6) **facile** *(Adv.):* leicht. **discernerēs** *(Potentialis der Vergangenheit, an ein allgemeines Gegenüber gerichtet):* du hättest *od.* man hätte entscheiden können. **cārus:** lieb, teuer. **quisquam:** irgend jemand. **praeficere:** an die Spitze stellen, mit der Leitung betrauen. **mālle** (lieber wollen): *historischer Infinitiv.* **quid:** etwas. **strēnuus:** entschlossen. **confīdere:** Vertrauen haben. **audēre:** Mut haben. (7) **plūrimum:** sehr viel, am meisten. **erat:** *sc.* ei *od.* in eo. (8) **fatīgare:** ermüden, erschöpfen. (9) **calor,** ōris *m.:* Wärme. **frīgus,** oris *n.:* Kälte. **patientia:** Ausdauer(n), Ertragen. **cibus:** Essen. **pōtiō,** ōnis *f.:* Trinken. **dēsīderium:** Verlangen. **modus:** Maß. **vigiliae,** arum: Wachsein. **discrīmināre:** unterscheiden. **superesse** + *Dat.:* übrig sein von. **quiēs,** ētis *f.:* Ruhe. **strātum:** Lager, Polster. **accersere** = arcessere (herbeiholen). **sagulum:** kurzer Mantel *(des Kriegers).* **opertum, iacentem:** *sc.* eum. (10) **vestītus,** ūs *m.:* (Be)Kleidung. **aequālis,** is: Altersgenosse, Kamerad. **cōnspici** (*Pass. zu* cōnspicere): *svw.* auffallen, auf sich aufmerksam machen. **excellēns,** entis: herausragend. (11) **longē:** bei weitem. **proelium conserere,** serui, sertum: ein Gefecht liefern. (12) **aequāre** + *Akk.:* gleichkommen. **deum:** *Gen. Pl.* (13) **indolēs,** is *f.:* angeborene Beschaffenheit, natürliche Gabe.

Das Darstellungsverfahren Catos

In seiner Lebensbeschreibung des (älteren) Marcus Porcius Cato schreibt Nepos u. a. (c. 3):

[1]In omnibus rebus singulari fuit industria. [2]Nam et agricola sollers et peritus iuris consultus et magnus imperator et probabilis orator et cupidissimus litterarum fuit. [3]Quarum studium etsi senior arripuerat, tamen tantum progressum fecit, ut non facile repperiri possit — neque de Graecis neque de Italicis rebus —, quod ei fuerit incognitum. [4]Ab adulescentia confecit orationes. [5]Senex historias scribere instituit. [6]Earum sunt libri VII. [7]Primus continet res gestas regum populi Romani, secundus et tertius, unde quaeque civitas orta sit Italica, ob quam rem omnes ‚Origines' videtur appellasse. [8]In quarto autem bellum Poenicum est primum, in quinto secundum. [9]Atque haec omnia capitulatim sunt dicta. [10]Reliquaque bella pari modo persecutus est usque ad praeturam Ser. Galbae, qui diripuit Lusitanos. [11]Atque horum bellorum duces non nominavit, sed sine nominibus res notavit. [12]In eisdem exposuit, quae in Italia Hispaniisque aut fierent aut viderentur admiranda: in quibus multa industria et diligentia comparet, nulla doctrina.

---

(1) **singulāris**, e: einzigartig. (2) **sollers**, ertis: geschickt, erfinderisch. **iūris cōnsultus:** Rechtsgelehrter, Rechtskundiger. **probābilis**, e: glaubwürdig, überzeugend. (3) **arripere:** ergreifen, eifrig in Angriff nehmen. **prōgressus**, ūs: Fortschritt. **Italicus:** italisch. (5) **historia** *od. Pl.* historiae: Geschichte, Geschichtswerk. (7) **rēs gestae:** → *Hannibal 13,2.* **omnēs:** *im Genus an* Origines *angeglichen:* alles. **orīgō**, inis *f.:* Ursprung. (9) **capitulātim** *(Adv.):* in großen Zügen. (10) **praetūra:** Prätur; *Amt.* **Ser(vius) Galba:** *Prätor 151 v. Chr.* **dīripere:** ausplündern, zerstören. **Lūsitānī:** Lusitaner *(im Gebiet des heutigen Portugal).* (11) **notāre:** kenntlich machen, darstellen. (12) **expōnere:** darlegen. **Hispaniae:** die beiden Spanien *(spanischen Provinzen).* **comparēre:** erscheinen, sichtbar werden. **doctrīna:** Gelehrsamkeit.

III. Arbeitsaufträge und Begleittexte

Hamilkar 1 A

1. (a) Welche Wesenszüge hebt Nepos an Hamilkar hervor?
   (b) Welcher prägt den Anfang, welcher die Mitte, welcher den Schluß des Kapitels?
2. Arbeite Besonderheiten im Satzbau (Abfolge von Glied- und Hauptsätzen) und in der Wortstellung (bes. Hyperbaton, → St 19) heraus und nenne Gründe für die Anwendung sowie Wirkungen.
3. Was bedeutet der Verlust Siziliens für Karthago? (→ B 1)
4. Beurteile die römischen Forderungen, Hamilkars Reaktion und den Charakter des Vertragsschlusses. (→ B 2)
5. • Was läßt Nepos in seiner Biographie aus, was betont er, zum Beispiel durch Wiederholungen und breite Darstellung, besonders? (→ *Hannibal* 2 B 2)

Hamilkar 1 B

1. Roms Einfluß zeigte sich in der Ausbreitung seines Machtgebiets auf der italischen Halbinsel. Dagegen war die Handelsstadt Karthago auf ein ausgedehntes System von Stützpunkten im westlichen Mittelmeer angewiesen. Eine entscheidende Rolle kam dabei der mächtigen karthagischen Kriegsflotte zu, die bis zum Ersten Punischen Krieg die Seewege, Grundlage des Reichtums der Handelsmetropole, sicherte.
2. Ein Vertragsschluß erfolgt nach Verhandlungen, die vom römischen Senat genehmigt werden müssen. Ein Vertragsverhältnis *(pāx)* bedeutet nach römischer Auffassung ein bestimmtes ausgewogenes Verhältnis von Leistungen und Gegenleistungen, das man vereinbart und an das man sich unerschütterlich hält. Da die Römer zumeist mit unterworfenen Gegnern oder mit Völkern, die bei ihnen Schutz suchten oder in ihre Abhängigkeit gerieten, Verträge schlossen, sah das Vertragsverhältnis gegenseitige politische Unterstützung und militärische Hilfe gegenüber Angreifern vor. Die Leistungen der Römer waren *beneficia,* die der abhängigen Verbündeten *officia.* Ihr Verhältnis sollte von *fides* (Zuverlässigkeit, Treue) und *gratia* (Ansehen, Dank) bestimmt sein.

Hamilkar 2 A

1. Zeige, wie sich die §§ 3 b *(Sed...)*—5 gegenläufig zu den §§ 1—3a *(...impetrarint)* entwickeln.
2. Worin übertrifft die zweite Hälfte des Kapitels die erste?
3. Worin erinnert die zweite Hälfte des Kapitels an c. 1?
4. Welche sprachlichen Mittel unterstreichen den Inhalt? (→ St 7, 14)
5. Bearbeite 1 A 5 sinngemäß für c. 2. (→ E 3.2)
6. Welche Auswirkungen hat die Art der staatlichen Organisation in Karthago? (→ B 1)

Hamilkar 2 B

1. An der Spitze Karthagos standen als oberste Staatsbeamte reiche Adlige. In Kriegszeiten ernannten sie einen Feldherrn (Strategen, lat. *imperator*, ‚Oberbefehlshaber'). Sie fürchteten jedoch, daß er mit seinen Soldaten Druck auf die Regierung ausüben oder sich durch einen Putsch sogar selbst zum Herrscher machen könne. Daher ernannten sie oft zwei Feldherrn, damit diese sich gegenseitig kontrollierten und neutralisierten. — An der Spitze des römischen Staates standen zwei Konsuln, die jeweils für ein Jahr gewählt waren. Im Kriegsfall hatten sie auch den Oberbefehl über die Heere; je nach Bedarf führten sie zwei verschiedene Heere, oder der kriegserfahrenere führte ein Heer, das nominell von beiden befehligt wurde.

Hamilkar 3 A

1. Wieso glaubt Hamilkar, von Spanien aus • leichter mit Rom wieder Krieg beginnen zu können? (→ E 3)
2. Gliedere c. 3.
3. Wo verläßt Nepos die zeitliche Abfolge der Erzählung und berichtet von viel späteren Ereignissen?
4. Wo fügt Nepos mit einem einfachen ‚und' Informationen an andere an, ohne daß sie sich logisch anschließen? Warum tut er das?
5. Wo widerspricht sich Nepos?
6. (a) Wo zeigt sich die Suggestivität der • Darstellung? (*suggerere, gessi, gestum:* unterschieben, nahelegen; Suggestivität meint also, daß man nicht korrekt und schlüssig argumentiert, sondern Meinungen und Gefühle der Leser aktiviert und ihnen bestimmte Eindrücke und Schlüsse nahelegt.)
   (b) Konfrontiere die Darstellung des Nepos mit 3 B 1.

Hamilkar 3 B

1. Im antiken Griechenland gab es keine Gesetze zur Homosexualität. Ausrichtungen auf eines oder auf beide Geschlechter waren akzeptiert. Im Rom der republikanischen Zeit stellte ein Gesetz, dessen Entstehungszeit man nicht genau kennt (lex Scantinia), homosexuelles Verhalten unter Strafe; es war eine Geldstrafe von 10 000 Sesterzen vorgesehen. In der Zeit des Nepos scheint aber dieses Gesetz kaum wirksam gewesen zu sein. Homosexualität galt als griechische Lebenseigenart. Catull, der Nepos sein Gedichtbuch widmet und vor allem durch seine Gedichte auf eine Lesbia genannte Frau bekannt ist, zeigt in manchen Gedichten auch Zuneigung zu Männern. Als Mittel, einen politischen Gegner zu verunglimpfen, diente aber der Vorwurf der Homosexualität hervorragend (und so hat derselbe Catull keine Bedenken, dies etwa Caesar vorzuwerfen).

Hamilkar 4 A

1. An welche Information aus c. 3 schließt der Bericht des c. 4 an?
2. Welche Gefahr zeigt Nepos?
3. Welche Aufgaben haben die zwei Schlußsätze, die gleichsam ein Nachruf sind?
4. Welche sprachlich-stilistischen Mittel heben Aussagen hervor? (→ St 8, 19)
5. Wende 1 A 5 auf c. 4 an. (→ 4 B 1)

Hamilkar 4 B

1. Die Beziehungen der Karthager zu Spanien waren alt und gut. Schon lange hatten sie dort Handelsstützpunkte. Hasdrubal konnte viele spanische Stämme unter seiner Führung einigen und war dadurch auch gegen die Römer erfolgreich. Hamilkar hatte reiche Silberminen erschlossen, aus deren Ertrag die Kriegsschulden an Rom bezahlt werden konnten. Außerdem erholte sich Karthago dadurch rascher als Rom von den Kriegsfolgen, wodurch Roms Neid geweckt wurde.

Hannibal 1 A

1. Stelle alle Ausdrücke zu den Wortfeldern ‚Wahrheit', ‚Volk' und ‚Tapferkeit, Übertreffen' zusammen.
2. (a) Arbeite Besonderheiten im Satzbau (Abfolge der Glied- und Hauptsätze) und in der Wortstellung (bes. Hyperbaton, → St 19) heraus. (→ G 1 und 2)
   (b) Nenne jeweils Gründe und Wirkungen der Besonderheiten.
3. Wozu dienen die adverbialen Bestimmungen im Ablativ und warum sind sie in c. 1 so häufig? (→ G 3)
4. (a) Was wird an Hannibal gerühmt?
   (b) Inwiefern ist diese Rühmung vor einem römischen Publikum gefährlich?
   (c) Wodurch wird die Rühmung sprachlich kompliziert?
   (d) Was wird durch die Kompliziertheit erreicht?
5. (a) Stelle alle Informationen zu Hannibals Haß zusammen.
   (b) Wie charakterisiert dieser Haß Hannibal?
   (c) Welche Haltung nimmt Hannibal selbst gegenüber seinem Haß ein? Vgl. dazu *Hamilkar* c. 4.
   (d) Welche Begründungen für den Haß gibt Nepos, welche würden wir heute erwarten?

Hannibal 2 A

1. Schildere den Aufbau des Kapitels. (→ B 3)
2. Was stellt c. 2 innerhalb der Hannibalbiographie des Nepos dar (→ B 2)
3. Was stellen die §§ 3b—4 innerhalb des c. 2 dar? (→ B 2)
4. (a) Schildere den Aufbau der §§ 2b—3.
   (b) Welche Aufgabe hat dieser Satz in c. 2?
   (c) Warum hat ihn Nepos so lang gemacht?
5. (a) Durch welche inhaltliche Einzelheiten werden das Jugenderlebnis und die Racheverpflichtung besonders wirkungsvoll?
   (b) Wie wird durch Hannibals Verhalten gegenüber Antiochus sein Haß auf die Römer beleuchtet?
   (c) Welche grammatikalischen und stilistischen Eigenarten machen die zentrale Bedeutung des Hasses deutlich? Berücksichtige bes. das inhaltliche Verhältnis von Glied- und Hauptsätzen.

Hannibal 2 B

1. Erst nach seinem Sieg über die Römer bei Cannae verbündete sich Hannibal 215 v. Chr. mit Philipp V. von Makedonien. Philipp sollte mit einem Invasionsheer in Italien landen und mit Hannibal zusammen Rom endgültig niederringen. Aber die Römer versperrten Philipp die Häfen und verhinderten so — im Ersten Makedonischen Krieg 215—205 — sein Eingreifen in Italien. — Als sich Philipp 203 mit dem syrischen König Antiochus III. (Regierungszeit 233—187) verbündet hatte, um mit ihm ehemals ägyptisch beherrschte Gebiete aufzuteilen, wollten die Römer auch diesen Machtzuwachs verhindern und schlugen ihn — im Zweiten Makedonischen Krieg — 197 v. Chr. bei Kynoskephalai (in Thessalien in Nordgriechenland). Der siegreiche römische Feldherr T. Quintius Flaminius verkündete 196 die Freiheit aller griechischen Städte und Gebiete, die vorher unter makedonischer Herrschaft gestanden hatten.
2. Allgemeine sprachliche und inhaltliche **Gesichtspunkte zur Betrachtung eines Erzählwerks:**

   (1) Elemente des Werks:
   (a) *Bericht von Vorgängen:* Naturgemäß hat dies den größten Anteil an einem Erzählwerk. Der Bericht über ein Ereignis kann entweder sehr ausführlich erfolgen; dann ist die *Erzählzeit* (die Zeit, die der Autor braucht, um etwas zu erzählen) größer und kommt der *erzählten Zeit* näher (der Zeit, die der dargestellte Vorgang tatsächlich brauchte). Oder der Bericht ist gerafft; dann unterscheiden sich Erzählzeit und erzählte Zeit besonders auffällig.
   (b) *Szenische Darstellung* von Vorgängen: Hier stellt der Autor einen kleinen Ausschnitt aus dem Gesamtablauf gleichsam in Nah- oder Großaufnahme dar; kennzeichnend dafür sind Ausführlichkeit oder die Verwendung der direkten Rede.
   (c) *Beschreibungen* von Verhältnissen oder Örtlichkeiten in ihrem gegenwärtigen Zustand.
   (d) *Betrachtungen* oder *Erörterungen* über den Verlauf der Dinge aus der Sicht des Autors. → (2).
   (e) *Sentenzen* (→ St 23) als Zusammenfassung von Betrachtungen.

   (2) Erzählhaltungen: Der Autor kann auf zweifache Art erzählen:
   (a) so, daß er nicht mehr Wissen zeigt, als nach dem Ablauf der Ereignisse zu einem bestimmten Moment möglich ist *(personale Erzählweise)*;
   (b) so, daß er dem Leser zeigt, daß er bereits den Gesamtablauf der Ereignisse und alle Begleitumstände kennt *(auktoriale Erzählweise)*.

   (3) Formen der Verknüpfung verschiedener Ereignisse und Handlungsstränge: Der Erzähler muß oft gleichzeitige Ereignisse hinereinander erzählen. Er kann auch eine ganz andere *Reihenfolge* wählen als die chronologische (zeitliche). Das kann zu überraschenden Akzenten führen. Ferner spielen *Rückblicke* und *Vorausdeutungen* eine Rolle.

Hannibal 3 A

1. (a) Welche Aufgabe hat gewöhnlich *igitur*? Warum steht es hier in § 1?
   (b) Auf welchen Satz der Hamilkar-Vita greift der erste, auf welchen der zweite Satz des § 1 zurück?
   (c) Wo erfolgt ein deutlicher Neueinsatz durch vorangestellte Wörter?
   (d) Welchen Zeitraum umfaßt das Kapitel (→ E 3.7) und warum schildert das Kapitel einen so großen Zeitraum?
2. (a) Vgl. Satzbau und Stil des c. 3 mit dem von c. 2 oder 1.
   (b) Wie sind die einzelnen Sätze des Kapitels 3 jeweils miteinander verbunden? (→ *Hamilkar* 3 G 3)
3. Stelle inhaltliche und sprachliche Belege dafür zusammen, daß Hannibals Kriegsführung als einzigartig dargestellt wird.
4. Wo übertreibt Nepos? (→ B 1)

•

Hannibal 3 B

1. Nach der Eroberung Sagunts zog Hannibal zunächst sein Heer wieder ins Winterlager nach Karthago Nova zurück, um im folgenden Frühjahr 218 mit dem Zug nach Italien zu beginnen. In den Pyrenäen traf er auf unvermutet heftigen Widerstand der Bergvölker. Nur unter großen Verlusten an Soldaten und Zeit war das Weiterziehen möglich. Deshalb war das Heer, das unter Hannibals Bruder zur Sicherung zurückblieb, verhältnismäßig groß (10 000 Fußsoldaten und 1000 Reiter).
   Von der wohlwollenden Neutralität der Gallier hatte Hannibal sich durch Kundschafter schon überzeugt, bevor er sein Heer durch Südgallien führte. Nur die Überfahrt über die Rhone bereitete Schwierigkeiten, denn die gesamte Armee mußte auf Flößen übersetzen. Doch in den Alpen setzten nicht nur die Einheimischen, sondern vor allem die Unwegsamkeit des Geländes, in dem es nur schmale Pfade gab, und das Gebirgsklima mit Eis und Schnee Hannibals Heer schwer zu. Von den 90 000 Mann, mit denen Hannibal von Karthago Nova aufgebrochen war, blieben nur noch 26 000 nach dem Alpenübergang übrig. Diese ursprünglich aus Afrika und Spanien stammenden Soldaten wurden verstärkt durch Hilfstruppen aus Gallien. Außerdem kamen noch 37 Elefanten mit dem Zug in Oberitalien an. Diese waren bei den Römern sehr gefürchtet. Sie trugen beim Kampf außer ihrem Lenker einen Turm mit Bogenschützen und Speerwerfern.

Hannibal 4 A

1. (a) Gliedere das Kapitel. Berücksichtige die verwendeten Tempora. (→ *Hamilkar* 2 G 3)
   (b) Was ist leitender thematischer Gesichtspunkt dieses Kapitels?
   (c) Warum hat Nepos Satz 1 nicht im vorigen Kapitel gebracht, obwohl sein Inhalt vom Zeitablauf her dorthin gehört?
2. Schildere, wie Satz für Satz eine Steigerung gegenüber dem vorigen erfolgt.
3. Was ist an Hannibals Strategie in den einzelnen Schlachten wiederkehrend und typisch?
4. (a) Was hat sich Nepos zugunsten seines leitenden thematischen Gesichtspunktes (→ 1 b) und im Interesse der Steigerung (→ 2) alles in seiner Darstellung entgehen lassen? Vgl. 4 B 1 und E 3.5.
   (b) Versuche, ausgehend von den Antworten zu (a), eine erste Charakterisierung der Ziele und Techniken in der Hannibal-Vita des Nepos.

Hannibal 4 B

1. *Ereignisse aus dem Zweiten Punischen Krieg bis zur Schlacht von Cannae:* (a) *218:* Unentschiedenes Gefecht zwischen Reitern aus dem Heer des römischen Konsuls Scipio und dem Hannibals an der Rhone. Es kommt zufällig zustande, macht Scipio aber klar, daß Hannibal über die Alpen marschieren will. Daher fährt er von Massilia zu Schiff nach Oberitalien, um ihn dort mit Truppen zu erwarten. — (b) *218:* Hannibal siegt über Scipios Reiterei am Fluß Ticinus in Oberitalien und nimmt kampflos die Stadt Clastidium mit

einem römischen Getreidedepot ein. — (c) *218:* Hannibal schlägt die vereinigten Heere der beiden Konsuln Scipio und Sempronius vernichtend am Fluß Trebia. Eine kleine karthagische Truppe läßt sich von den Römern durch den Fluß verfolgen, auf der anderen Seite überfällt die Haupttruppe die erschöpften Römer. — (d) *217:* Die Truppen des Konsuls Flaminius verfolgen Hannibal, werden in einem Talkessel von Hannibals im Versteck liegenden Truppen eingeschlossen und zum Trasimenischen See gedrängt. 15 000 Römer kommen um. Ein gleichzeitiges Erdbeben bleibt wegen des heftigen Kampfes unbemerkt, wie der Historiker Livius (→ S. 30) schreibt. — (e) Die von Servilius, dem Amtskollegen des Flaminius zu Hilfe geschickten 4000 Reiter kommen zu spät und werden ebenfalls von den Karthagern geschlagen. — (f) *216:* Der erfahrene Aemilius und der ungeduldig auf eine Entscheidungsschlacht drängende Terentius führen im täglichen Wechsel (→ *Hamilkar* 2 B 1) das römische Heer. Hannibal stellt an einem Tag, als Terentius befiehlt, bei Cannae seine Truppen zur Schlacht auf, Terentius geht darauf ein. Die Römer müssen gegen die Sonne kämpfen, ein staubiger Wind bläst ihnen ins Gesicht. Hannibal läßt die Mitte seines Heeres zurückweichen und kann die Römer so umzingeln. 70 000 Römer fallen. Hannibal verliert 6000 Soldaten.

Hannibal 5 A

1. (a) Gliedere das Kapitel unter Berücksichtigung der Satzeinleitungen und der Tempora in den Hauptsätzen. (→ *Hamilkar* 2 G 3)
   (b) Welche Schlacht ist breit geschildert und mit welchem grammatischen Mittel? (→ 5 G 2 (e) und 2 G 3)
2. • (a) Welche Sätze in c. 5 sind durch relativischen Satzanschluß (→ *Hamilkar* 3 G 3) eng an den vorigen angeschlossen?
   (b) Welche Sätze beginnen mit einem Demonstrativpronomen?
   (c) Welche Sätze sind gar nicht durch einen Rückverweis an den vorigen Satz angebunden?
   (d) Warum wechselt Nepos die Art, Hauptsätze aneinander anzuschließen?
3. (a) Welcher Satz des c. 5 könnte die Überschrift bilden?
   (b) Zeige Aufbau und Steigerung des Kapitels unter dem Gesichtspunkt der *evidentia* (→ B 1).
   (c) Welche sprachlichen Einzelheiten (Attribute) und welche stilistischen Einzelheiten (→ St) steigern die einzelnen Abschnitte?
4. (a) Vgl. die Darstellung des Nepos mit den historisch gesicherten Fakten (E 3.5) und zeige die Unterschiede.
   (b) Was ist Ziel der Darstellung des Nepos?

Hannibal 5 B

1. *Evidentia* (‚Augenfälligkeit') ist die lebhaft-detaillierte Schilderung eines Gegenstandes oder eines Geschehens durch Aufzählung sinnenfälliger Einzelheiten. Der Autor nimmt den Leser gleichsam an der Hand und stellt sich mit ihm mitten in das Geschehen (sagt deswegen z. B. gern *hic* ‚hier' statt *illic* ‚dort'). Der Leser soll zum Augenzeugen werden, seine Gefühle sollen erregt werden.

Hannibal 6 A

1. (a) Worauf greift § 1 zurück?
   (b) An welche Stelle der Hamilkar-Vita erinnert § 2?
2. Vgl. c. 6 mit c. 4 und 5:
   (a) Was bringt c. 6 an Ungewöhnlichem im Vergleich mit den bisherigen Kapiteln?
   (b) Durch welche inhaltlichen Einzelheiten gelingt es Nepos, trotz abweichendem Inhalt an die Darstellungsziele von c. 4—5 anzuknüpfen?
   (c) Warum tut er dies?
3. • (a) Vgl. die Darstellung des Nepos in c. 6 mit E 3.5.
   (b) Charakterisiere Ziele und Verfahrensweisen des Nepos in c. 6.

Hannibal 7 A

1. Gliedere c. 7 unter Berücksichtigung von Zeitangaben, Rückverweisen (→ *Hamilkar* 1 G 3, 2 G 3) und Konnektoren (‚Satzverbindern').
2. (a) Welchen Zeitraum umfaßt c. 7 (→ E 3.7)?
   (b) Wie beurteilst du das Verhältnis von ‚Erzählzeit' und ‚erzählter Zeit'? (→ *Hannibal* 2 B 2 (1a))
   (c) Welchen Eindruck vermittelt c. 7 über den Zusammenhang der dargestellten Ereignisse?
   (d) Wie ist der Zusammenhang durch prädikative Partizipien, durch Ablative + Prädikativum und durch Konnektoren ausgedrückt?
   (e) Wie werden die Ereignisse durch die Verwendung von Ablativformen, durch die Modi in Relativsätzen und durch die Wiedergabe in indirekter Rede gewertet? (→ 7 G 2 und 5)
3. • (a) Worin zeigen sich Gegensätze zwischen Hannibal und der karthagischen Staatsführung? Berücksichtige *Hamilkar* 2 B 1.
   (b) Worin zeigt sich die Schwäche von Hannibals Position?
4. Stelle aus der Senatsantwort (§ 3) Gesichtspunkte zusammen für (a) römische Ziele, (b) römische Selbstauffassung und Selbstdarstellung, (c) römische Auffassung vom Gegner und seinem Verhalten. Berücksichtige dabei auch stilistische Einzelheiten (Länge und Kürze der Sätze, St 11, 20) sowie *Hamilkar* 1 B 2.
5. (a) Inwiefern knüpft die Darstellung in § 1 an früher gezeigte Verhaltensweisen Hannibals an?
   (b) Inwiefern knüpft die Darstellung in den §§ 4—5 an frühere Verhaltensweisen Hannibals und vorher erkannte Darstellungsziele des Nepos an?
   (c) Vgl. die Darstellung des Nepos mit 7 B 1.
   (d) Worin zeigt sich in den §§ 6—7 inhaltlich und stilistisch die Schwierigkeit oder gar Unmöglichkeit, Hannibal zu besiegen? (→ St 2)

Hannibal 7 B

1. Hannibal wurde 197 v. Chr. Suffet, Inhaber des höchsten karthagischen Amtes. Er forderte hohe, noch ausstehende Steuersummen ein und beseitigte Betrug und Korruption im staatlichen Finanzwesen. Er verzichtete auf die Einführung neuer Steuern. Seine Maßnahmen trafen lediglich den reichen Adel, dem seine politischen Gegner angehörten. Beim

karthagischen Volk war Hannibal äußerst beliebt. Denn seine spektakulären Siege im Krieg gegen Rom hatten ihn zum legendären Helden gemacht, und der wirtschaftliche Aufschwung, der mit dem Geld der unbeliebten Oberschicht angekurbelt worden war, kam den einfachen Leuten zugute.

Hannibal 8 A

1. (a) Welche Eigenschaften und Fähigkeiten werden in c. 8 an Hannibal hervorgehoben?
   (b) Inwiefern gibt es Unterschiede zu seinem bisher gezeigten Auftreten?
2. (a) Wann wurde Antiochus bereits erwähnt?
   (b) Was war damals Darstellungsziel, was ist es jetzt?
   (c) In Wirklichkeit errang Hannibal mit seiner Flottenabteilung keinen Sieg. Warum stellt es Nepos anders dar?
3. • Mit welchen sprachlichen Mitteln stellt Nepos in c. 8 Bezüge zwischen Personen oder Ereignissen her? (Berücksichtige Gleichsetzungen, Kontraste, Vergleiche, Aufgliederung der Darstellung)

Hannibal 9 A

1. (a) Welches Element innerhalb eines Erzähltextes (→ 2 B 2) ist c. 9?
   (b) Zeige an c. 9 die Eigenarten dieses Elements.
   (c) Welche grammatischen und stilistischen Eigenarten unterstreichen den Erzählton oder den Witz? (→ St 20)
   (d) Wo schaltet sich Nepos mit eigenen Erläuterungen oder Überlegungen ein und warum?
2. Wie wird Hannibal in c. 9 charakterisiert?
3. Welche Aufgabe hat c. 9 im Gesamtablauf der Hannibalbiographie? (→ 2 B 2)

Hannibal 10—11 A

1. (a) Gliedere c. 10—11 unter Berücksichtigung der Tempora (→ *Hamilkar* 2 G 3).
   (b) Was fällt zu Anordnung und Ablauf der ‚Etappen' auf?
2. (a) Sammle alle Rückverweise im Text und gib an, was sie jeweils umschreiben. (→ *Hannibal* 5 A 2)
   (b) Warum enthält der Text so viele Rückverweise?
3. Unterscheide in c. 10—11 verschiedene Elemente von Erzähltexten (→ 2 B 2).
4. Welcher Satz in c. 10—11 könnte die Überschrift sein?
5. Stelle Ablauf, Einzelheiten und stilistische Eigenarten des Textes unter dem Gesichtspunkt der *evidentia* (→ 5 B 1) dar.
6. Wie erzeugt Nepos Spannung?
7. • (a) Zeige stilistische Eigenarten und ihre Wirkungen in c. 10—11. Berücksichtige St 10, 20—22, Wortstellung, Kürze oder umständliche Formulierung.
   (b) Zeige stilistische Eigenarten und ihre Wirkungen im Schlußsatz von c. 11. (→ St 18, 20, 22)
8. (a) Wo verwendet Nepos direkte, wo indirekte Charakterisierung? (→ B 1)
   (b) Wie wird Hannibal insgesamt charakterisiert?

Hannibal 10—11 B

1. Man kann Personen *direkt* oder *indirekt charakterisieren. Direkte Charakterisierung* erfolgt durch wertende Bemerkungen. *Indirekte Charakterisierung* erfolgt dadurch, daß man die dargestellte Person durch ihre Handlungen und Reden wirken läßt.

Hannibal 12 A

1. Gliedere c. 12 unter Berücksichtigung der Verweisformen und der genannten Schauplätze.
2. (a) Stelle die Hauptsatztempora in c. 12 fest.
   (b) Was fällt im Unterschied zu c. 10—11 auf?
   (c) Werte die Beobachtung aus, indem Du die unterschiedlichen Darstellungsziele von c. 10—11 und c. 12 darlegst.
3. Wo greift Nepos mit eigenen Wertungen ein und mit welchem Ziel?
4. (a) Wie ist Hannibal (direkt oder indirekt, → 10—11 B 1) charakterisiert?
   (b) Vgl. dies mit früheren Charakterisierungen.
   (c) Beurteile seinen Selbstmord (unter Berücksichtigung von 12 B 1).
5. Schildere die Haltung des Prusias und versuche, sie zu erklären. •
6. (a) Schildere das Verhalten der Römer.
   (b) Vgl. es mit *Hamilkar* 1 B 2. •
   (c) Vgl. es mit 12 B 2.
   (d) Versuche, das Verhalten der Römer mit Informationen aus den Kapiteln 1—11 zu erklären.
   (e) Suche moderne Parallelen zum Verhalten der Römer.

Hannibal 12 B

1. In vielen Zeiten der Antike war es nach allgemeiner Auffassung und der Lehrmeinung zahlreicher Philosophen in auswegloser Situation moralisch gerechtfertigt, Selbstmord zu begehen. Erst das Christentum verurteilte radikal den Selbstmord als Eingriff in Gottes Willen. — Wäre Hannibal lebendig in die Hände der Römer gefallen, so hätten sie ihm das Los vieler Römerfeinde nicht erspart: Er wäre als Gefangener nach Rom geführt und möglicherweise qualvoll umgebracht worden.
2. In seinem in den Jahren 29—19 v. Chr. (also nach Nepos) entstandenen Epos ‚Aeneis' schildert der Dichter Vergil die Leiden und Kämpfe des Ahnherrn aller Römer Aeneas. In der Unterwelt sagt Anchises seinem Sohn Aeneas die Zukunft Roms voraus. Er erkennt die kulturellen und wissenschaftlichen Leistungen anderer Völker an und gibt den Römern als weltgeschichtliche Aufgabe (*Aeneis* 6,851—853):

   Tu regere imperio populos, Romane, memento
   (hae tibi erunt artes), pacique imponere morem,
   parcere subiectis et debellare superbos.

   Du Römer sollst das Wissen haben, mit deiner Herrschaft Staatsvölker zu regieren
   (diese deinen Eigenschaften entsprechende Fähigkeiten wirst du haben) und auf einem Vertragsschluß die durch Gewöhnung erworbene Haltung zu errichten,
   zu schonen die Unterworfenen und im Krieg in den Boden zu kämpfen die anmaßend Stolzen.

Hannibal 13 A und Gesamtbetrachtung

• 1. Gliedere das Kapitel.
2. Werte Inhalt und Form des ersten Satzes aus.
3. Was bringt c. 13 Neues gegenüber den Kapiteln 1—12?
4. Warum hat Nepos seine Hannibalbiographie nicht mit dem wirkungsvollen c. 12, • sondern mit c. 13 beendet? Berücksichtige E 1.3, E 4 sowie 13 A 7.
5. (a) Welche Elemente weist eine (moderne) Biographie auf?
   (b) Welche davon enthält die Hamilkar-Vita, welche die Hannibal-Vita?
6. Wo findet man in der Hamilkar-Vita Vor- • verweise auf Einzelheiten der Hannibal-Vita?
7. Erstelle eine Gliederung der gesamten Hannibal-Vita.
8. (a) In welchem Kapitel wird die entscheidende Wende in Hannibals Lebenslauf geschildert?
   (b) Zeige die zentrale Stellung dieses Kapitels.
9. Inwiefern sind schon in c. 1 der Hannibalbiographie die wesentlichen Merkmale von Hannibals Leben formuliert?

Hannibal 13 B

1. Hannibals Schriften sind möglicherweise Propagandabriefe an die Einwohner der von Römern kontrollierten Gebiete im Osten. Er fordert sie darin auf, sich gegen die römische Vorherrschaft aufzulehnen.

Livius über Hannibal A

1. Zeige aus der Hannibalbiographie des Nepos Beispiele für die folgenden von Livius genannten Charakterzüge Hannibals:
   (a) *plurimum audaciae ad pericula capessenda* (7); (b) *plurimum consilii inter ipsa pericula* (7); (c) *nullo labore corpus fatigari poterat* (8); (d) *nullo labore animus vinci poterat* (8); *perfidia plus quam Punica* (12); (f) *nihil veri, nihil sancti* (12).
2. (a) Vgl. die Charakterisierung, die Livius von Hannibal gibt, mit der, die Nepos in c. 1 gibt.
   (b) Wo spricht Livius römische Vorurteile an?
   (c) Prüfe die gesamte Hannibaldarstellung des Nepos darauf, ob sich unter diesem Gesichtspunkt Gemeinsamkeiten oder Unterschiede zu Livius ergeben.

Das Darstellungsverfahren Catos A

1. *Haec omnia capitulatim sunt dicta* (9). Vgl. mit diesem Urteil das Darstellungsverfahren des Nepos in der Hannibal-Vita.
2. *Horum bellorum duces non nominavit, sed sine hominibus res notavit:*
   (a) Um welche literarische Gattung handelt es sich bei den ‚Origines' Catos, um welche bei der Hannibal-Vita des Nepos?
   (b) Gilt die Charakterisierung der ‚Origines' in Satz 11 auch für die Hannibal-Vita des Nepos? Begründe deine Antwort ausführlich und ziehe daraus Folgerungen für Eigenart und Ziel der Hannibal-Vita.
3. *In quibus multa industria comparet, nulla doctrina* (11): Arbeite heraus, ob diese Charakterisierung auch für die Hannibal-Vita gilt.

IV. Übungen zu Grammatik und Texterschließung

Hamilkar 1 G

1. Schreibe alle *Ablativformen* aus c. 1 heraus, bestimme sie und gib die jeweilige semantische Aufgabe an (also die Bedeutungsrichtung).
   Bei der Feststellung der semantischen Aufgabe kann die Angabe genügen, in welche Großgruppe der Ablativfunktionen die jeweilige Ablativform gehört (a. *Ablativus instrumenti/sociativus,* d. i. des Mittels oder der Begleitung; b. *Ablativus originis/separativus,* d. i. der Herkunft oder der Trennung; c. *Ablativus loci/temporis,* d. i. des Ortes oder des Zeitpunkts). Es können dazu aber auch ‚Spezialfunktionen' und entsprechende ‚Spezialbezeichnungen' angegeben werden, die sich zwar aus den Grundfunktionen herleiten, aber vom deutschen Verständnis geleitet sind.

Wort	Form	Großgruppe	Spezialfunktion
cognomine	Abl. Sg. n.	Abl. originis	Abl. respectūs (‚des Bezugspunkts')
primo Poenico bello	Abl. Sg. n.	Abl. temporis	— —
...			
(occasione data	Abl. Sg. f.	Ablativ + Prädikativum)	
...			
cupiditate	Abl. Sg. f.	Abl. instrumenti	Abl. causae (‚des Grundes')

2. Stelle verschiedene Formulierungen mit *esse* zusammen, erkläre die dabei verwendeten Kasusformen und gib die deutsche Übersetzung der Wendungen an.
3. Stelle alle *Verweisformen* aus dem Text zusammen (Pronomina, Verbindungen mit Pronomen) und gib an, worauf jeweils verwiesen wird (was also die Verweisform konkret meint).
4. Aus der Großgruppe der *Adverbialsätze* (also solcher Gliedsätze, die eine erläuternde Angabe zur Verbalinformation sind) kommen in c. 1 besonders häufig Temporal- und Konzessivsätze vor. *Temporalsätze* geben eine Zeitangabe (Frage: wann?). *Konzessiv-* (Einräumungs-)sätze nennen einen Gegengrund, also Umstände, die eigentlich das Gegenteil dessen erwarten lassen, was tatsächlich geschieht (Frage: trotz welchem Umstand?). — Stelle alle Temporal- und alle Konzessivsätze aus c. 1 — jeweils getrennt — zusammen; nenne und begründe: einleitende Konjunktion und ihre Übersetzung, jeweils verwendeter Modus, eventuelle Besonderheiten in der Tempusverwendung.

Hamilkar 2 G

1. Führe 1 G 3 für dieses Kapitel fort.
2. Schreibe aus c. 2 alle *Konsekutivsätze* (Adverbialsätze, die eine Folge angeben; → 3 G 2) heraus. Bestimme Tempus und Modus ihrer Prädikate und nenne Signalwörter, die im übergeordneten Satz auf den Konsekutivsatz vorverweisen (ihn also erwarten lassen).

3. Schreibe alle *indikativischen Hauptsatzprädikate* heraus; bestimme sie und begründe, warum gerade dieses Tempus verwendet ist. Beachte:
Erzähltempus ist das *narrative Perfekt;* es gibt die einzelnen **Etappen** eines Handlungsablaufs an.
Dauernde **Zustände** oder wiederholte Handlungen der Vergangenheit stehen im *(durativen* bzw. *iterativen) Imperfekt.*
Sowohl narratives Perfekt als auch das Imperfekt werden i. D. durch das Präteritum wiedergegeben (*cognovit:* er erkannte, er erfuhr).
Rückgriffe auf Ereignisse, die vor dem erzählten Handlungsablauf bzw. vor der jeweiligen Etappe liegen, stehen im *Plusquamperfekt.*
Statt der Perfektformen können *Präsensformen* stehen, wenn ein Ereignis anschaulich in **Nahaufnahme** dargestellt werden soll *(szenisches Präsens).*
Bemerkungen des Autors in eigenem Namen stehen im *Präsens* oder im *konstatierenden* (,feststellenden') *Perfekt* (dieses wird auch i. D. Perfekt).
Beispiel:
cognovit: 3. Sg. Ind. Perf. Aktiv: 1. Etappe der Erzählung.
4. Stelle aus c. 1 und 2 alle *cum-Sätze* zusammen und gib an: (a) das lateinische Prädikat; (b) ob und warum Indikativ oder Konjunktiv steht; (c) Zeitfunktion der Prädikatsform (Vor- oder Gleichzeitigkeit ausdrückend); (d) die jeweilige Übersetzung von *cum;* (e) die Art des Adverbialsatzes (→ 1 G 4): Temporal-, Kausal-, Konzessiv-, Adversativsatz (also Gliedsatz, der eine Zeitangabe macht, einen Grund nennt, einen Gegengrund nennt oder einen Gegensatz nennt).
Beispiele:
(a) *deleta est;* (b) Indikativ: rückblickende, reine Zeitangabe ohne Nebensinn; (c) rückblickendes, feststellendes Perfekt; (d) als; (e) Temporalsatz.
(a) *pervenissent;* (b) Konjunktiv: kausaler Nebensinn; (c) Vorzeitigkeit zur Vergangenheit in der übergeordneten Verbalinformation *fecerunt* ausdrückend; (d) als; (e) Temporalsatz.

Hamilkar 3 G

1. Führe 1 G 1 für c. 3 fort.
2. **Abhängige Wunschsätze** drücken einen Wunsch aus. Sie gehören in die Großgruppe der Objekt- oder Subjektsätze (sind also ein langes Objekt oder Subjekt auf die Frage ,was?'). Sie werden mit *ut* (,daß') oder *ne* (,daß... nicht') eingeleitet. Oft empfiehlt sich die Übersetzung ohne einleitende Konjunktion, z. B. mit einem erweiterten Infinitiv mit ,zu' oder mit einem Modalverb wie ,sollen'.
Finalsätze nennen die Motivation für eine Handlung, die ihr vorausgehende Absicht, das in der Zukunft liegende Handlungsziel (Finalgrund). Man fragt nach ihnen: ,in welcher Absicht', ,mit welchem Ziel', ,wozu', ,warum?' Sie werden mit *ut* (,damit'), *ne* (,damit ... nicht'), *quo* (,damit'), *quo minus* (,damit ... nicht', ,damit ... umso weniger', ,damit erst recht nicht') eingeleitet. Wenn Subjekt des Finalsatzes und des übergeordneten Satzes ein und dieselbe Person meinen, empfiehlt es sich, den Finalsatz mit ,um ... zu + Infinitiv' zu übersetzen bzw. mit ,um nicht ... zu + Infinitiv'.
Konsekutivsätze nennen eine Folge des im übergeordneten Satz dargestellten Vorgangs (Frage: ,mit welcher Folge?'). Sie werden mit *ut* (,(so) daß') eingeleitet. Die Verneinung ist normal *non.* Oft verweisen im übergeordneten Satz Signalwörter wie *ita* auf den Konsekutivsatz.
Ut-Sätze werden im Lateinischen auch in manchen Fällen angewendet, in denen wir keine Folge und keinen Wunsch sehen, vor allem als Subjektsätze (Sätze, die ein Subjekt darstellen) bei Verben wie *fit, factum est* (,es geschieht, kommt vor', ,es geschah, kam vor').

Stelle aus c. 1—4 alle abhängigen Wunschsätze, alle Final-, alle Konsekutiv- und alle Subjektsätze (mit nicht erkennbarem wünschenden oder konsekutiven Sinn) zusammen. (a) Nenne einleitende Konjunktion und Prädikat; (b) bestimme das Prädikat; (c) erläutere Modus- und Tempuswahl; (d) nenne die Art des Gliedsatzes und die jeweilige Großgruppe (Subjekt-Objekt-Satz oder Adverbialsatz).

Beispiel:

(a) c. 1, § 2: *ut* (,daß') ... *non viderentur;* (b) 3. Sg. Konj. Imperf. Passiv; (c) Konjunktiv in Konsekutivsätzen üblich, ohne daß dies ganz erklärbar ist; Konj. Imperf., weil gleich- oder nachzeitig zur übergeordneten Vergangenheitsform *defendit;* (d) Konsekutivsatz, Adverbialsatz.

3. Relativischer Anschluß und relativische Verschränkung

(1) Im Lateinischen und im Deutschen können inhaltlich zusammengehörige Sätze unverbunden nebeneinander stehen:

(a) Leonidas liebte sein Vaterland.	(a) Leonidas patriam amavit.
(b) Er hat es (dieses) mit größter Tapferkeit verteidigt.	(b) Eam (*oder* hanc *oder* illam) fortissime defendit.

(2) Sollen beide Sätze enger miteinander verknüpft werden, kann im Lateinischen der Anschluß statt mit einem Demonstrativpronomen mit einem Relativpronomen erfolgen. Dies nennt man **relativischen (Satz)Anschluß:**

Leonidas patriam amavit; *quam* fortissime defendit.

Im Deutschen gilt dies als schlechter Stil, weil eine wichtige Hauptsache nicht in einem Attributsatz nachgetragen werden soll. Wir müssen also i. D. weiterhin mit einem Demonstrativpronomen übersetzen (s. o.).

In dem unter (1) aufgeführten Beispiel war der Begriff ,Vaterland' in jedem der beiden Hauptsätze (a) und (b) enthalten und hatte so deren Verbindung ermöglicht. Im Deutschen mußte man nur das lateinische Relativpronomen durch ein Demonstrativ- oder ein Personalpronomen wiedergeben. Das Relativpronomen stand im obigen Beispiel im Akkusativ, weil es von *defendit* abhing. Der Kasus des Relativpronomens blieb auch in der Übersetzung erhalten.

(3) Das Lateinische kann aber die Verbindung durch ein Relativpronomen auch dann anwenden, wenn der wiederkehrende Begriff einmal in einem Hauptsatz (a) und einmal im Gliedsatz eines weiteren Satzgefüges (b) steht. Vgl.:

(a) Leonidas liebte sein Vaterland. (b) Weil er dieses (es) sehr tapfer verteidigt hat, hat er ewigen Ruhm erworben.	(a) Leonidas patriam amavit. (b) *Quam* quoniam fortissime defendit, sempiternam gloriam consecutus est.

Der gemeinsame Begriff in beiden Sätzen ist wiederum ,Vaterland', das in der Verweisform ,dieses' (,es') im Gliedsatz des zweiten Satzgefüges wiederkehrt (nicht aber im Hauptsatz des zweiten Satzgefüges). Auch in diesem Fall kann das Lateinische beide Satzgefüge (a) und (b) durch das Relativpronomen viel enger verbinden. Dabei steht im zweiten Satz *quam* im Akkusativ, weil es von *defendit* abhängt, und schließt trotzdem auch den Hauptsatz *gloriam consecutus est* an, obwohl in diesem Hauptsatz der Begriff ,Vaterland' gar nicht vorkommt, also *quam* dort nichts zu suchen hat. Diese für uns nicht nachahmbare Verbindung nennt man **relativische Verschränkung.**

Bei der Übersetzung ins Deutsche müssen wir meist zwei Hauptsätze bilden oder die ,Gewichtsverschiebung' anwenden. Gewichtsverschiebung meint: das im Lateinischen Übergeordnete wird im Deutschen abhängig, das im Lateinischen Untergeordnete wird im Deutschen selbständig bzw. übergeordnet:

(a) Leonidas liebte sein Vaterland, (b) das er so tapfer verteidigt hat, daß er ewigen Ruhm erwarb.

Schreibe in c. 1—3 alle relativischen Anschlüsse heraus und gib an, (a) was aus dem vorigen Satz gemeint ist (welches Bezugswort sie haben); (b) ob sie ein Satzglied in einem Hauptsatz oder in einem Gliedsatz sind; (c) wie das Relativpronomen zu übersetzen ist.

Hamilkar 4 G

1. Führe 3 G 2 für c. 4 fort.
2. Führe 1 G 1 für c. 4 fort.
3. Führe 1 G 4 für c. 4 fort.

Hannibal 1 G

1. Schreibe aus c. 1 alle *Gliedsätze* heraus und gib an: (a) einleitende Konjunktion; (b) verwendeten Modus; (c) Gliedsatzart; (d) Großgruppe, in die der Gliedsatz gehört (Subjekt-/Objekt-Satz; Adverbialsatz; Attributsatz).

   Beispiel:
   si verum est: (a) si; (b) Indikativ; (c) Kondizionalsatz (Bedingungssatz); (d) Adverbialsatz.
   quod nemo dubitat: (a) quod; (b) Indikativ; (c) Attributsatz; (d) wie (c).

2. Erstelle zu längeren Sätzen **Satzabbildungen nach dem Einrücksystem:** In der Reihenfolge ihres Vorkommens werden Hauptsatz (Hauptsätze) und Gliedsätze oder ihre Teilstücke untereinander geschrieben. Dabei beginnt der Hauptsatz (HS) am weitesten links. Gliedsätze, die direkt von einem Satzglied des Hauptsatzes abhängen (nach denen man also direkt von diesem Satzglied aus fragen kann), werden eine Einheit weiter rechts begonnen; es sind Gliedsätze ersten Grades (GS_1). Gliedsätze, die von einem Satzglied in einem Gliedsatz ersten Grades abhängen, stehen zwei Einheiten weiter rechts; es sind Gliedsätze zweiten Grades (GS_2); usw. Beispiel:

GS_1	Si verum est
GS_2	(quod nemo dubitat),
GS_2	ut populus Romanus omnes gentes virtute superarit,
HS	non est infitiandum [Hannibalem tanto praestitisse ceteros imperatores prudentia,
GS_1	quanto populus Romanus antecedat fortitudine cunctas nationes.]

Satzwertige Elemente wie *A. c. i.*, Prädikativum, Ablativ + Prädikativum und *-nd*-Fügungen werden nicht eigens eingerückt, weil sie nur ein Satzglied sind (wie die Kasusendungen zeigen). Weil sie aber durch ihre eigene Verbalinformation ‚satzwertig' sind, kann man sie durch eckige Klammern eingrenzen und herausheben.

3. Führe *Hamilkar* 1 G 1 für *Hannibal* c. 1 fort.

Hannibal 2 G

1. Erstelle für §§ 2—3 eine Satzabbildung nach dem Einrücksystem (→ *Hannibal* 1 G 2).
2. Schreibe alle *A. c. i.* aus c. 2 heraus. Gib an, von welchem Prädikat sie abhängen und in welchem zeitlichen Verhältnis sie zur übergeordneten Verbalinformation stehen.

   Beispiel:
   se ab interioribus consiliis segregari: abh. von vidisset; gleichzeitig.
3. Schreibe alle Prädikativa und Ablative + Prädikativum aus c. 2 heraus. Gib an, auf welche Verbalinformation sie sich inhaltlich beziehen, welcher Art die inhaltliche Beziehung ist und in welchem zeitlichen Verhältnis das Prädikativum zur übergeordneten Verbalinformation steht.

   Beispiel:
   absens: → *reddidit;* konzessiv oder temporal; gleichzeitig.
4. Wende *Hamilkar* 2 G 3 sinngemäß auf dieses Kapitel an.
5. Welche Möglichkeiten zeigt das Kapitel, ein Ursache-Folge-Verhältnis auszudrücken? (→ *Hamilkar* 2 G 2 und 4, 3 G 2)

Hannibal 3 G

1. Führe *Hamilkar* 1 G 1 für *Hannibal* c. 3 fort.
2. Bestimme alle finiten (also mit Personalendungen versehenen) Verbformen und begründe das Tempus (→ *Hamilkar* 2 G 3).
3. Erstelle eine Satzabbildung nach dem Muster von *Hannibal* 1 G 2 für § 4 *(Ad... repere)*.
4. Führe *Hamilkar* 1 G 3 für dieses Kapitel fort.

Hannibal 4 G

1. Schreibe alle Hauptsatzprädikate heraus, bestimme und übersetze sie und gib an, welche Textaufgabe das jeweils verwendete Tempus hat (→ *Hamilkar* 2 G 3).
2. Schreibe alle Zeitangaben und Ortsangaben aus c. 4 heraus und bilde jeweils zwei Gruppen (Adverbien und Kasusformen).
3. Führe *Hamilkar* 1 G 1 für *Hannibal* c. 4 fort.

Hannibal 5 G

1. Bearbeite 4 G 1 für c. 5.
2. Für die Sätze der §§ 1 (a), 2 (a, b, c), 3 (a, b):
   (a) Unterstreiche in jedem Satz alle Verbalinformationen und umrahme unterordnende Konnektoren.
   (b) Schreibe über jede Verbalinformation, ob sie bezogen (B) oder selbständig (S), also Hauptsatzprädikat, ist.
   (c) Zeichne Schrägstriche dort ein, wo jeweils der Einflußbereich einer Verbalinformation endet.
   (d) Schildere jeden Satzabschnitt in seinem Inhalt.
   (e) Übersetze jeden Satz unter Berücksichtigung der erkannten inhaltlichen Bezüge. Prädikativa können dabei meist zu eigenen Sätzen werden, die dem Hauptsatz oder dem Gliedsatz, in den sie eingebettet sind, gleichgeordnet werden.

   Beispiel:

   Quo repentino obiecto (B) visu / tantum terrorem iniecit (S) exercitui Romanorum / ,

   [ut] egredi (B) extra vallum / nemo sit ausus (B).

   (a) Dieser plötzliche Anblick wurde dargeboten. — (b) Er (Hannibal) jagte den Römern einen so großen Schrecken ein. — (c) Außerhalb des Walles zu gehen. — (d) Niemand wagte es.
   Dieser Anblick wurde plötzlich dargeboten. Dadurch jagte Hannibal den Römern so großen Schrecken ein, daß niemand wagte, außerhalb des Walles zu gehen. *Oder:* Weil dieser Anblick sich plötzlich darbot *bzw.* Dadurch, daß sich dieser Anblick plötzlich darbot, jagte Hannibal usw.
3. Sammle alle adjektivischen und substantivischen Attribute zu den vorkommenden Personen. Welche Aufgabe haben sie?

Hannibal 6 G

1. Führe 5 G 2 für c. 6 fort.
2. Schreibe alle Pronomina heraus. Bestimme die Form, nenne die Art des Pronomens und gib an, worauf es verweist.
   Beispiele:
   hinc: —; Adverb; → *Italia* 5,4.
   eius: Gen. Sg. m.; anaphorisches (verweisendes) Pronomen; → *quem ... fugarat.*
   quem: Akk. Sg. m.; Relativpronomen; → *eius.*
   ipse: Nom. Sg. m.; Identifikationspronomen; → *-it* (Personalendung in *gess-it,* die Hannibal meint).
3. Schreibe alle mit Relativpronomen eingeleiteten Gliedsätze heraus und gib an, um was für einen Gliedsatz es sich jeweils handelt und welcher Großgruppe er angehört (→ *Hamilkar* 3 G 2; *Hannibal* 1 G 1).
4. Sammle alle Zeitangaben in c. 6 und teile sie in Gruppen ein (Adverbien, Kasusformen, prädikative Partizipien, Ablativ + Prädikativum, → 4 G 2).

Hannibal 7 G

1. Schreibe alle Prädikativa und Ablative + Prädikativum heraus und gib an, (a) auf welche übergeordnete Verbalinformation sie sich beziehen; (b) in welchem zeitlichen Verhältnis sie zu ihr stehen; (c) in welchem sachlichen Verhältnis sie zu ihr stehen; (d) wie sie am besten unter Beibehaltung der lateinischen Abfolge der Informationen zu übersetzen sind (als gleichgeordneter Satz, als Gliedsatz, als adverbiale Bestimmung). Der Aufgabe kann eine Satzbearbeitung nach dem Muster von *Hannibal* 5 G 2 vorweggehen.
   Beispiel:
   Hoc responso cognito: (a) *revocaverunt;* (b) vorzeitig; (c) temporal/kausal; (d) als *oder* weil die Karthager diese Antwort erfahren (vernommen) hatten (*Karthaginienses* steht noch vor *cognito;* das rechtfertigt es, den Ablativ + Prädikativum aktivisch mit dem Subjekt ‚die Karthager' wiederzugeben).
2. Schreibe alle Gliedsätze heraus, bestimme ihre Prädikate und begründe Modus- und Tempusverwendung (→ *Hamilkar* 2 G 4, 3 G 2).
3. Führe *Hamilkar* 1 G 1 für c. 7 fort.
4. Bearbeite *Hannibal* 6 G 2 für c. 7.
5. Stelle grammatikalische Regeln für das Aussehen der indirekten Rede im Lateinischen zusammen, indem Du § 3 *(munus ... Magonem)* und den folgenden Text in direkter Rede vergleichst (in § 3 fehlt allerdings bei *remissuros* das ‚Akkusativsubjekt' *se*):
   Munus vestrum gratum acceptumque est; obsides, quo loco rogaverint, erunt. Captivos non remittemus, quod Hannibalem, cuius opera susceptum bellum est, inimicissimum nomini Romano, etiam nunc cum imperio apud exercitum habeatis itemque fratrem eius Magonem.

Hannibal 8 G

1. Bearbeite *Hamilkar* 1 G 1 für c. 8.
2. (a) Bearbeite *Hamilkar* 3 G 3 für c. 8.
   (b) Gib an, an welchen Stellen kein relativischer Anschluß erfolgt, obwohl er formal möglich wäre.
   (c) Begründe, warum an bestimmten Stellen der relativische Anschluß verwendet wird und an anderen nicht.
3. Bearbeite *Hannibal* 2 G 3 bzw. 5 G 2 für c. 8.

Hannibal 9 G

1. Wo gibt der Autor Erläuterungen in appositionalen oder in Relativsätzen und mit welcher Wirkung?
2. Bearbeite *Hamilkar* 1 G 1 für c. 9.
3. Bearbeite *Hamilkar* 2 G 3 für c. 9.
4. Bearbeite *Hannibal* 2 G 3 bzw. 5 G 2 für c. 9.
5. Schreibe alle Kondizionalsätze (Bedingungssätze) heraus und begründe die Modusverwendung.
6. Schreibe alle Finalsätze heraus und übersetze ihre einleitenden Konjunktionen (→ *Hamilkar* 3 G 2).

Hannibal 10—11 G

1. Bearbeite *Hannibal* 2 G 2 für c. 10—11.
2. Begründe die Tempusverwendung in allen Gliedsätzen der c. 10—11 nach den Regeln der *consecutio temporum* (Zeitenfolge).
3. Bearbeite *Hamilkar* 3 G 3 für c. 10—11.
4. Bearbeite *Hannibal* 2 G 3 bzw. 5 G 2 für c. 10—11.
5. Stelle alle Temporalsätze nach dem Muster von *Hamilkar* 1 G 4 zusammen.
6. Schreibe alle Futurformen aus c. 10—11 heraus. Erläutere: Aufbau (Stamm, Tempuszeichen, Personalendung), spezielle Bedeutungsnuance, Übersetzung.
7. Schreibe alle *-nd*-Formen heraus und nenne die Nomina, auf die sie sich beziehen. Gib an: (a) ob es sich um eine substantivische oder eine adjektivische *-nd*-Form handelt; (b) ob eine *notio necessitatis* (Nebenbedeutung des Notwendigen) vorliegt (‚müssen', ‚nicht dürfen'); (c) die Übersetzung.

Hannibal 12 G

1. Bearbeite für c. 12 *Hannibal* 2 G 2.
2. Bearbeite für c. 12 *Hannibal* 6 G 2.
3. Bearbeite für c. 12 *Hannibal* 2 G 3 bzw. 5 G 2.
4. Bearbeite für c. 12 *Hamilkar* 3 G 3.
5. Schreibe alle Gliedsätze heraus und nenne (a) einleitende Konjunktion und Signalwörter; (b) Großgruppe (grammatische Aufgabe); (c) Kleingruppe (inhaltliche Aufgabe); (d) Gründe der Modusverwendung; (e) Gründe der Tempusverwendung. (→ *Hannibal* 1 G 1, *Hamilkar* 1 G 4)

V. Stilistischer Anhang (St)

Ein Autor wirkt außer durch den Inhalt auch durch die Art, wie er diesen Inhalt darstellt. Er kann straff oder weitschweifig, folgerichtig oder sprunghaft oder kreisförmig (mit Rückkehr zum Ausgangspunkt) darstellen. Er kann abstrakt oder bildhaft, in einfachen oder in komplizierten Wörtern und Sätzen schreiben. Auch Einfachheit kann ja gewollt sein. Die Wirkungen sind immer im Zusammenhang mit dem Inhalt zu erarbeiten.
Eine besondere Gruppe stilistischer Mittel sind die Tropen und Figuren:

(1) **Tropen** (grch. ‚Wendungen'): Ein Wort wird durch ein anderes ersetzt; das Gemeinte wird also nicht mit dem nächstliegenden Wort ausgedrückt.

(2) **Figuren:** Mehrere Wörter, Wortgruppen oder Sätze werden anders formuliert, als es der einfachen Ausdrucksweise entspricht. Dabei kann man unterscheiden:
   (a) **Stellungsfiguren:** Sie werden durch eine kunstvolle Wortstellung erreicht. Dazu hat das Lateinische mehr Möglichkeiten als das Deutsche, weil durch die Kasusendungen immer noch der grammatikalische Bezug eindeutig bleibt.
   (b) **Sinnfiguren:** Sie werden durch kunstvolle Wortwahl und Satzgestaltung erreicht.

Auch Tropen und Figuren müssen immer im Textzusammenhang auf ihre Wirkung untersucht werden. Ihre Bezeichnungen sind nur eine Orientierungshilfe zum Suchen und Unterscheiden.
Im folgenden werden die Tropen und Figuren aufgeführt, die in der Hannibal-Vita öfters vorkommen.

1. Tropen

(1) **Metápher** (‚Übertragung'): Ein Wort wird durch ein anderes ersetzt, das mit diesem in einem Vergleichsverhältnis steht. Das neue Wort ist damit in einen uneigentlichen Bereicht — d. i. in einen Bereich, in den es eigentlich gar nicht hingehört — übertragen. „Ein Feuer ergriff ihn", statt: „Eine Leidenschaft ergriff ihn (wie ein Feuer)".
Hann. 2,1: *cupiditate incendit;* Hann. 5,2: *dedit verba.*

(2) **Metonymíe** (‚Wortvertauschung'): Ein Wort wird durch ein anderes aus dem gleichen Sachbereich ersetzt. Ersetzendes und ersetztes Wort können in vielerlei Beziehung stehen, z. B.:
   (a) Person — Sache: „von Amor (statt: Liebe) ergriffen";
   (b) Gefäß — Inhalt: „das Stadion tobte" statt: „die Leute tobten";
   (c) Material — Erzeugnis: „zum Eisen (statt: Schwert) greifen";
   (d) Abstraktum — Konkretum: „die Jugend (statt: die jungen Leute) ist unbelehrbar".
Hann. 3,1: *exercitus* (statt: *milites*).

(3) **Synekdoché** (‚mit einem Ausdruck zusätzlich etwas anderes meinen'): Ein Wort bedeutet mehr oder weniger als normal. Meist tritt der Fall *Pars pro toto* (‚Teil statt des Ganzen') ein: „Er griff zur Klinge (statt: Schwert)".
Hann. 2,1: *arma inferre.*

(4) **Antonomasíe** (‚Namensersetzung'): Ersetzung eines Eigennamens durch ein Wort, das eigentlich Attribut oder Apposition zu ihm sein könnte, insbesondere Umschreibung durch Herkunftsbezeichnung.
Hann. 10,1: *Poenus* („der Karthager", statt: „Hannibal").

(5) **Litótes** (‚Schlichtheit'): Abmildernde oder betonende Periphrase (→ 6) mit Hilfe einer (meist doppelten) Verneinung.

Hann. 3,3: *neminem nisi victum dimisit:* „Keinen ließ er unbesiegt zurück" (statt: „Alle ließ er besiegt hinter sich").

(6) **Periphrase** (‚Umschreibung'): Ein Wort wird durch mehrere andere umschrieben.
Hann. 2,4: *quae divina res:* „diese heilige Handlung" (statt: „das Opfer").

(7) **Hyperbel** (‚Übertreibung').
Hann. 3.3: *cum omnibus incolis conflixit:* „Mit allen Bewohnern kämpfte er".
Ham. 4,1 *totam Africam* statt: *Karthaginem.*

2. Figuren

(a) Stellungsfiguren

A. Figuren der Wortverbindung

(8) **Asýndeton** (‚Unverbundenheit'): Mehrere gleichgeordnete Satzglieder oder Sätze werden unverbunden (d. h. ohne Konjunktion) nebeneinandergestellt.
Hann. 3,4: *loca patefecit, itinera muniit;* 6,2: *in colloquium convenit, condiciones non convenerunt.*

(9) **Polysýndeton** (‚vielfache Verbindung'): Zwischen gleichgeordneten Satzgliedern wird das Verbindungswort mehrfach wiederholt: „Meine Töchter führen den nächtlichen Reihn und wiegen und tanzen und singen dich ein".
Hann. 2,2: *...neque id frustra fecissent idque Hannibal comperisset seque ab interioribus consiliis segregari vidisset...*

(10) **Hendiadyoin** (‚Eins durch zwei'): Zwei Begriffe, von denen der eine dem anderen inhaltlich untergeordnet sein kann oder die beide inhaltlich miteinander verwandt sind, werden formal gleichgeordnet; der Autor stellt so einen Vorgang oder eine Sache in zwei Aspekten nachdrücklich dar: „bitten (Sachgehalt) und betteln (äußere Form)" (= „unablässig bitten").
Hann. 7,3: *gratum acceptumque;* 8,1: *spe fiduciaque.*

B. Figuren der Worteinsparung

(11) **Ellipse** (‚Auslassung'): Ein Wort, das vom Satzbau her notwendig ist, wird ausgelassen: „Wie der Herr (ist), so's Gescherr".
Hann. 12,3: *locum ubi esset, (eos) facile inventuros (esse).*

(12) **Zeugma** (‚Verbindung'): Ein Satzglied wird auf mehrere andere bezogen, obwohl es von der Bedeutung her nur zu einem paßt oder zum einen Satzglied nur in wörtlicher, zum anderen nur in übertragener Bedeutung zuzuordnen ist: „Mit Geduld und Spucke fängt man eine Mucke".
Hann. 1,3: *ut prius animam quam id deposuerit.*

C. Figuren der Worthäufung

(13) **Dihaerese** (‚Zerlegung'): Ein Begriff wird durch eine Reihe von Teilbegriffen umschrieben, kann dabei selbst genannt oder unterdrückt werden: „Amsel, Drossel, Fink und Star und die ganze Vogelschar".
Hann. 5,4: *nemo ei in acie restitit, nemo adversus eum ... castra posuit.*

(14) **Klimax** (‚Leiter'): Anordnung von Wörtern oder Sätzen mit Steigerung des Aussagegehalts (meist dreiteilig): „Ich kam, ich sah, ich siegte" (veni, vidi, vici).
Hann. 7,7: *bona eius publicaverunt, domum a fundamentis disiecerunt, ipsum exulem iudicārunt.*

D. Figuren der Wortwiederholung

(15) **Anápher** (‚Wiederaufnahme'): Nachdrückliche und gliedernde Wiederholung eines Wortes oder einer Wortgruppe am Anfang von Sätzen oder Satzabschnitten: „Hätte sie Ge-

danken, wie ich denke, hätte sie Gefühle, wie ich empfinde, würde sie den Morgen nicht erwarten, würde schon in dieser Stunde kommen."
Hann. 5,4: *nemo ei in acie restitit, nemo adversus eum post Cannensem pugnam in campo castra posuit.*

(16) **Figura etymológica** (svw. ‚Figur mit Wörtern gleichen Stammes'): Bei einer Wiederholungsfigur werden Wörter vom gleichen Stamm benutzt: „eine Grube graben".
Hann. 5,1: *pugna pugnata;* 7,4: *quotannis annui.*

E. Figuren der Wortstellung und des Satzbaus

(17) **Parallelismus** (‚übereinstimmende Anordnung'): Zwei oder mehr Satzabschnitte oder Sätze werden nach dem gleichen Schema (d. h. mit identischer Abfolge der Satzglieder) gebaut: „Reden ist Silber, Schweigen ist Gold".
Hann. 9,3: *Amphoras complures complet plumbo, summas operit auro et argento.*

(18) **Chiásmus** (‚Kreuzstellung'): Zwei Satzabschnitte oder Sätze werden spiegelbildlich zusammengesetzt, d. h. der zweite Abschnitt hat die umgekehrte Abfolge der Satzglieder wie der erste: „Die Kunst ist lang, (und) kurz ist unser Leben".
Hann. 10,4: *Superabatur navium multitudine, dolo erat pugnandum.*

(19) **Hypérbaton** (‚Überspringen'): Trennung zweier syntaktisch zusammengehöriger Wörter, vor allem des Attributs von seinem Beziehungswort; dadurch wird eine Betonung des im Satz nach vorn gerückten Wortes oder eine Spannung auf das noch zu erwartende zweite Wort erreicht.
Hann. 8,3: *nūllā deseruit in rē.* Ham. 4,1: *totam locupletavit Africam.*

(20) **Gleichklänge** in Form der **Alliteration** (mehrere Wörter hintereinander beginnen mit demselben Buchstaben: Hann. 9,3: *praesentibus principibus*) oder des **Homoiotéleutons** (mehrere Wörter hintereinander haben dieselbe Endung: Hann. 9,3: *suas fortunas*).

(b) Sinnfiguren

(21) **Epimoné** (‚Verweilen'): Wiederholung eines Gedankens in anderer Formulierung: „Es regnet, die Erde wird naß".
Hann. 10,1: *neque aliud quicquam egit quam regem armavit et exercuit adversus Romanos.*

(22) **Antithése** (‚Gegensatz'): Ein Gedanke wird durch Gegensätze oder Gegensatzreihen deutlich gemacht: „Alle reden vom Wetter. Wir nicht." Antithesen werden oft in bestimmten Stellungsfiguren formuliert, z. B. Alliteration, Chiasmus, Parallelismus.
Hann. 6,4: *paucis diebus multos contraxit.*

(23) **Sentenz** (‚Sprichwort'): Eine handlich formulierte allgemeine Lebenserfahrung wird im Zusammenhang eines konkreten Falles zitiert.
Hann. 1,2: *multorum obtrectatio devicit unius virtutem.*

(24) **‚Ausruf'**: Innerhalb einer Äußerung wird ein wirkungsvoll (gern als Sentenz formulierter) Ausruf eingefügt.
Hann. 6,3: *incredibile dictu!*

(25) **Hýsteron próteron** (‚das Spätere früher'): Etwas zeitlich Späteres wird vor dem zeitlich Früheren genannt, meist weil es als wichtiger im Vordergrund steht: „Hilf mir und komme!"
Hann. 5,2: *multitudinem magnam dispalatam immisit.*

(26) **Gleichnis:** Ein Sachverhalt wird durch Vergleich mit einem anderen Sachverhalt verdeutlicht: „Die Leidenschaft ergriff ihn wie ein Feuer".
Hann. 1,3: *velut hereditate relictum odium paternum ... conservavit.*

(27) **Ékphrasis** (‚Beschreibung'): Einschub einer längeren anschaulichen Schilderung in die Darstellung.
Hann. 2,3—4 (Inhalt der wörtlichen Rede Hannibals).

(28) **Praeteritio** (‚Übergehen'): Erwähnung eines Sachverhalts mit der Scheinbehauptung, man wolle ihn gar nicht darstellen.
Hann. 2,1: *ut omittam Philippum;* 5,4: *longum est enumerare proelia.*

Abkürzungen

→	siehe
•	Vorschläge für zusätzliche oder auslaßbare Aufgaben
§	Paragraph *(Zählweise in antiken Texten)*
§§	Paragraphen
A	Arbeitsauftrag
Abl.	Ablativ
Adj.	Adjektiv
adj.	adjektivisch
Adv.	Adverb
Akk.	Akkusativ
B	Begleittext
bes.	besonders
bzw.	beziehungsweise
c.	Kapitel
ca.	circa
Dat.	Dativ
d. h.	das heißt
d. i.	das ist
dt.	deutsch
E	Einleitung
Erg.	Ergänzung
etw.	etwas
f.	Femininum
ff.	und die folgenden
G	Grammatik- oder Texterschließungsaufgabe (S. 42 ff.)
Gen.	Genitiv
grch.	griechisch
h.	hier
i. D.	im Deutschen
i. L.	im Lateinischen
Imperf.	Imperfekt
ind.	indirekt
j-m	jemandem
j-n	jemanden
Konj.	Konjunktiv
m.	Maskulinum
n.	Neutrum
Nom.	Nominativ
nördl.	nördlich
o. ä.	oder ähnliches
Obj.	Objekt
Perf.	Perfekt
Pl.	Plural
Plqupf.	Plusquamperfekt
Präs.	Praesens
qual.	qualitatis (‚der Eigenschaft')
röm.	römisch
sc.	scilicet (man muß wissen *oder* ergänzen)
sep.	separativus (‚der Trennung')
s. o.	siehe oben
sog.	sogenannt
St	Stilistischer Anhang
Subst.	Substantiv
svw.	so viel wie
T	Text
u. a.	und andere(s)
vgl.	vergleiche
v. Chr.	vor Christus

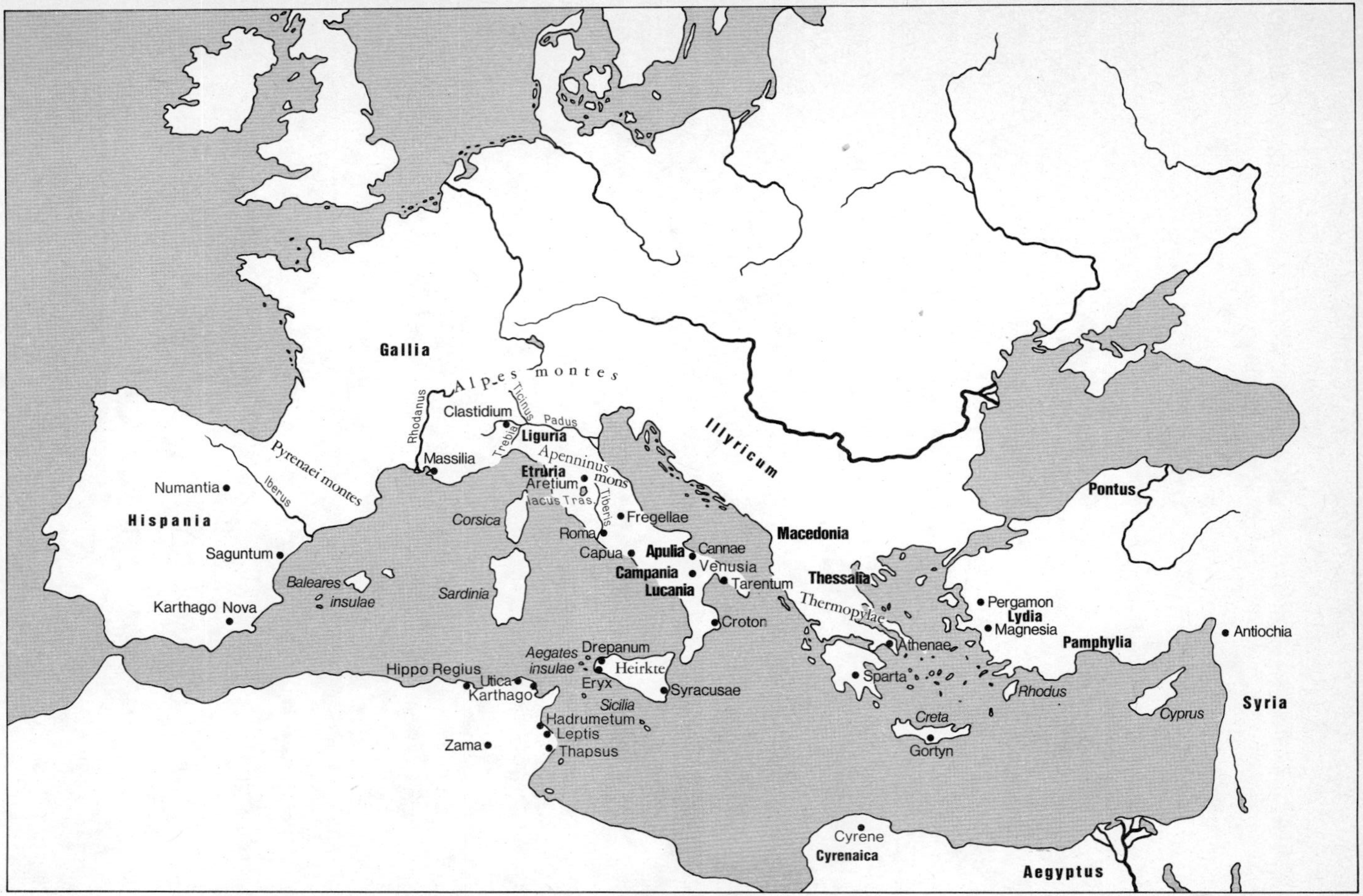

Der Mittelmeerraum zur Zeit Hannibals